심방설교
핵심대지
770

심방설교핵심대지770

초판 인쇄 2013년 6월 15일
초판 발행 2013년 6월 20일

지은이 한치호
펴낸이 황경자
펴낸곳 도서출판 두돌비

주 소 131-823 서울시 중랑구 면목2동 183-92
전 화 02) 964-6993
팩 스 02) 2208-0153
등 록 제 2006-12호(2006. 8. 17)

값 12,000 원

ISBN 978-89-89236-82-2 03230

독자의 의견을 기다립니다.
153books@hanmail.net

* 잘못된 책은 바꾸어 드립니다

즉석에서 준비할 수 있는 메세지

심방설교 핵심대지 770

한치호 목사 엮음

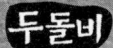

심방에서의 설교 준비

　목회자가 성도들을 돌아보게 하는 심방의 원형은 하나님께로부터 나온다. 우리는 심방의 모습을 성경에서 찾을 수 있다. 성경에서 보여 진 심방은 하나님께서 죄인 된 인간을 찾아오시는 것이었다. 하나님은 우리에게 즐겨 심방하시는 아버지이시다. 하나님의 찾으심은 참 선한 목자이신 예수님에게서 더욱 구체적으로 드러난다. 마태복음은 예수님께서 갈릴리 온 땅을 두루 다니셨다고 전해 주고 있다.

　목회의 자리에서 심방은 인간의 영혼을 구원하여 그 믿음이 자라도록 도와주려는 목적에서 시작된다. 신앙적인 교제와 만남을 통하여 구원의 확신과 성숙한 신자로서의 삶을 살아가도록 신앙을 지도하는 목회활동이다. 하나님은 사람을 사랑하셔서 자기 양떼를 살리고, 세우시며, 견고케 되기를 원하신다.

　우리는 심방사역이 양떼를 치는 일의 구체적인 표현이라는 사실을 발견하게 된다. 즉, 영혼을 구원하는 일이나 양무리를 돌보는 일이 책상 앞에 앉아서 되는 사역이 아니라는 것이다. 그리고 이것은 강단을 지키는 일만으로 되는 것이 아님을 가르쳐 준다.

　목회자의 심방은 하나님의 방문을 대신하는 사역이므로 하나님의 찾아가심이 되어야 한다. 이때 심방자의 설교는 주님의 말씀과 같은 것이 되어야 할 것이다: 기독교가 위로의 종교라면 우리도 마땅히 위로받아야 하는 하나님의 자녀들을 축복하고 위로해야 한다.

주후 2013년 5월, 한치호 목사

차 례

1. 정기(대) 심방 08-25
1. 성도의 가정-장년
2. 성도의 가정-젊은이
3. 권찰 · 구역장의 가정
4. 집사(서리)의 가정
5. 집사(안수)의 가정
6. 권사의 가정
7. 은퇴 제직의 가정
8. 장로의 가정
9. 부교역자의 가정

2. 양육 · 훈련 심방 26-45
1. 주일성수를 신앙 원칙으로 삼음
2. 예배 중심의 생활
3. 늘 하나님께 감사하는 삶
4. 성경을 애독하는 생활
5. 헌금을 즐겨드리는 삶
6. 목회자를 존중하고 가까이 함
7. 착한 행실에 힘쓰는 삶
8. 지체들과의 교제를 즐거워 함
9. 교회-세상을 위한 봉사
10. 구제하는 삶

3. 흔들리는 지체 격려 심방 46-63
1. 구원의 확신에 의심이 생김
2. 불순종적인 이유가 많아짐
3. 과거의 악습을 버리지 못함
4. 신앙생활에 요동하는 경우
5. 지도자를 거역하는 경우
6. 헌금에 시험이 들음
7. 교회 안에서 지체들과의 갈등
8. 교회활동에 참여하기 싫어짐
9. 교회에 대한 불평-불만이 생김

4. 거룩함에 도전하는 심방 64-83
1. 세상적인 욕심이 많은 성도
2. 재물에 대한 집착이 강한 성도
3. 분노로 가득한 성도
4. 남을 미워하는 성도
5. 남늘 앞에서 높아지려는 성도
6. 도적질을 하는 성도
7. 거짓말을 일삼는 성도
8. 쾌락을 즐기는 성도
9. 감정을 조절하지 못하는 성도
10. 이웃에 대하여 인색한 성도

5. 낙심자의 심방 84-101

1. 주일 성수에 게으른 자
2. 하나님께의 사랑이 식어진 자
3. 교회 출석이 귀찮게 여겨지는 자
4. 가정이 평안하지 않는 자
5. 번뇌로 머리가 어지러운 자
6. 교회생활에 회의를 보이는 자
7. 유혹에 넘어가 스스로 낙심된 자
8. 기도하지 않는 자
9. 연단을 이기지 못하는 자

6. 구원을 부인하는 경우의 심방 102-119

1. 천국을 부정하는 자
2. 예수님 외에도 구원이 있다고 생각하는 자
3. 종교는 다 같다고 주장하는 자
4. 현세의 삶에 가치를 더 두는 자
5. 성경을 못 믿겠다고 하는 자
6. 교회의 전통을 무시하려는 자
7. 교리를 거절하려는 자
8. 교회의 권위와 질서를 무시하려는 자
9. 성도의 행실을 비판하는 자

7. 신급에 관련한 권면 심방 120-139

1. 등록-새신자
2. 등록-타 교회 전입자
3. 세례
4. 교회 직분 임명
5. 권찰
6. 집사(서리)
7. 집사 안수
8. 권사 취임
9. 장로 피택
10. 장로 안수

8. 문제를 지닌 가정 심방 140-155

1. 식구들의 불화
2. 부부 사이 신앙의 불일치
3. 타신앙 부모와의 갈등
4. 가족 일부의 불신앙
5. 시가-처가와의 갈등
6. 쓴뿌리의 문제
7. 자녀의 방황
8. 예기치 못한 재정의 결핍

9. 위기에 처한 가정 심방 156-173

1. 직장을 잃은 가족
2. 경제적인 어려움
3. 사고로 말미암은 장애
4. 사업의 실패
5. 이혼을 하게 된 경우
6. 가족 중에 불의한 일에 가담함
7. 빚을 져서 도피 중인 가족
8. 재판을 받는 중에 있는 가족
9. 가족이 교도소에 수감되어 있는 경우

10. 환자의 심방 *174-187*
1. 갑자기 병에 걸리는 경우 2. 불의의 사고로 다치는 경우
3. 오랜 지병·노환의 경우 4. 질병의 고통이 심해지는 경우
5. 병원에 입원 중인 경우 6. 수술을 하게 되는 경우
7. 치료 후 회복기의 경우

11. 자녀의 축복-학업과 관련한 심방 *188-207*
1. 자녀를 축복하는 부모 2. 부모를 공경하는 자녀 3. 하나님께 존귀한 자녀
4. 학교 입학 5. 학교 졸업 6. 대학입학 수험생
7. 학위의 취득 8. 직업선택 준비 9. 고시 준비 10. 취업

12. 가정 행사의 심방 *208-227*
1. 약혼 2. 결혼 3. 재혼 4. 새 가정 축복 5. 자녀의 분가
6. 이사 7. 이민 8. 자녀의 군 입대 9. 유학 10. 은퇴-퇴직

13. 경사스런 집안의 축하 심방 *228-245*
1. 생일을 맞이한 가정 2. 회갑을 맞이한 가정 3. 고희를 맞이한 가정
4. 아기를 임신한 성도 5. 출산을 기다리는 성도 6. 아기를 출산한 성도
7. 아기의 백일-돌 8. 직장에서의 진급 9. 수상

14. 애도의 심방 *246-259*
1. 임종 전의 예배 2. 임종 후의 예배 3. 입관의 예배 4. 발인의 예배
5. 장례의 예배 6. 장례 후의 귀가 예배 7. 추모(추도)의 예배

15. 사업장의 심방 *260-271*
1. 상점 2. 공장 3. 회사 4. 개업 5. 사업장의 확장 6. 창립기념

1. 정기(대) 심방

1 성도의 가정 – 장년

여호와 앞에서 새 사람 _ 삼상 10:6

청년보다 더 활기차고 왕성한 삶에서 사는 방법을 배워야 한다.
1. 변화의 요인-하나님의 영
2. 변화의 과정-하나님의 뜻
3. 변화의 결과-하나님의 역사

새 사람이 되기 위해서 여호와의 영을 충만히 받기를 소망하자.

낙원에 있으리라 _ 눅 23:39-43

죄를 고백하면 죄 사함을 받고, 영생을 얻어 낙원에 있게 된다.
1. 사람에게는 반드시 종말이 와서 그가 행한 대로 보응을 받음
2. 자기의 죄를 고백하면 예수님과 함께 낙원에 이르는 복을 받음
3. 예수님께서 이루어놓으신 구원을 은혜로 받음

예수 그리스도를 나의 구주로 영접해 드리고, 천국을 사모하자.

사마리아 성에 내려간 빌립 _ 행 8:4-8

하나님은 초대 교회의 성도들이 흩어져서 복음을 전하게 하셨다.
1. 흩어진 사람들
2. 빌립의 복음 전파
3. 큰 기쁨

빌립의 순종을 통해서 교회 일꾼의 자세에 대한 도전을 받자.

믿음과 사랑으로 _ 딤후 1:10-14

복음으로 사는 성도는 바른 말씀들의 윤곽을 굳게 붙잡아야 한다.
1. 복음으로 사는 성도
2. 하나님의 말씀을 지키고 전파하는
3. 성령으로 말미암아

우리는 주님 앞에서 복음으로 살겠다는 거룩한 다짐을 해야 한다.

부르심을 받았을 때에 순종하여 _ 히 11:8-10

하나님은 아브라함에게 비전을 갖게 하시고, 그대로 이루어주셨다.
1. 부르심 받았을 때 받은 복의 근원의 비전을 잊지 않음
2. 평생의 시간 동안에 하나님을 바라보며 비전을 가짐
3. 온 가족이 하나님을 경외하고 은혜를 같이 받음

비록, 현재는 없지만 마음에 분명한 그림을 그림으로써 바라본다.

② 성도의 가정 – 젊은이

온 집에 복을 주시는 _ 삼하 6:9-11
오벧에돔은 성전의 문지기로서 하나님께로부터 복을 받았다.
1. 하나님의 궤를 붙듦으로 죽은 웃사
2. 자손의 복을 받은 오벧에돔
3. 하나님의 말씀을 사모하고, 그 은혜를 간직하라

온 가족이 말씀을 귀하게 여기며, 말씀과 동행하기를 기도하자.

청하건대 종의 집에 복을 주사 _ 삼하 7:27-29
하나님을 향한 사랑은 말씀을 가까이 함에서 증명된다.
1. 하나님을 향한 사랑
2. 말씀을 즐거워하라
3. 평생의 기도

교회를 위해서, 자신을 위해 평생의 복을 구하자.

율법의 말씀을 듣고 _ 느 8:1-12
에스라의 율법 낭독을 듣고 이스라엘의 모습은 완전히 달라졌다.
1. 책을 펼 때에 모든 백성이 일어섬
2. 아멘으로 응답하고, 여호와께 경배함
3. 백성이 율법의 말씀을 듣고 다 움

말씀 앞에서 은혜 받아 하나님께 영광 돌리고, 이웃에게 생명을 주자.

내 집에 들어와 유하라 _ 행 16:13-15

교회의 직분을 잘 감당하려면 하나님께 대한 외경심이 있어야만 한다.

1. 하나님을 섬기다
2. 주의 말씀을 경청하다
3. 주의 종을 공궤하다

자기의 직무를 다하려는 순종과 봉사를 즐거워하기를 기도하자.

하나님을 사랑하는 자 _ 롬 8:28

하나님께서는 우리를 하나님의 구원사역에 쓰시기 위해 선택하셨다.

1. '우리가 안다.'
2. 하나님을 사랑하는 자
3. 그 뜻대로 부르심을 입은 자들에게

하나님 앞에서 그의 사랑을 입은 자로 살아가게 하셨음에 감사하자.

다 그를 보고 주께로 _ 행 9:32-35

베드로는 두루 다니며 병자를 일으키고 죽은 자를 살아나게 했다.

1. 룻다에 가서 병자를 고치며 전도하다
2. 욥바에서 다비다가 살아나게 하다
3. 복음이 온 욥바 사람에게 알고, 믿게 하다

우리는 복음의 능력을 믿고, 주님의 큰일을 이루어 내어야 한다.

③ 권찰 · 구역장의 가정

종의 집에 복을 주사 _ 삼하 7:29

하나님께 가장 좋은 것을 드리겠다는 결심을 하자.

1. 가장 좋은 성전을 건축해서 하나님께 헌당하고자 함
2. 하나님께서 약속하신 말씀을 믿는 믿음의 비전
3. 하나님 성전에 들어가서 영광을 올려드림

하나님께서 약속하신 모든 복을 반드시 주실 것을 믿자.

나는 하나님을 경외하므로 _ 느 5:14-19

느헤미야는 유대 총독으로 있으면서 바른 삶의 본을 보여 주었다.

1. 총독의 녹을 먹지 아니함, 14-15절
2. 땅을 사지 아니하고, 16절
3. 모여서 역사를 하였으며, 16절

세상이 부패할수록 한 사람, 한 사람이 느헤미야가 되기를 결단하자.

성도들을 위한 기도 _ 빌 1:1-11

바울은 하나님께서 빌립보 교회를 돌보실 것을 믿고 소망하였다.

1. 성도들을 하나님께 부탁한 바울
2. 기쁨으로 간구하는 바울
3. 소원에 넘쳐 간구하는 바울

하나님 앞에서 교회를 위하여 간구하는 무릎을 꿇기를 사모하자.

그리하면 복이 네게 임하리라 _ 욥 22:21-23

여호와께 복 된 인생이 되려면 하나님과 바른 관계를 가져야 한다.

1. 하나님과 화목하고 평안하라
2. 하나님의 사자의 교훈을 받으라
3. 하나님께로 돌아가라

종들을 통해서 선포되는 말씀을 진실하게 받기를 다짐하자.

하나님을 모신 가정 _ 엡 6:1-4

부부는 서로 한 몸이 되기 위하여 배우자에게 자신을 맞추어야 한다.

1. 부부 사이에 대한 권면
2. 부모의 자녀에 대한 권면
3. 자녀의 부모에 대한 권면

부모는 자녀를 사랑하고, 자녀는 부모를 공경하기 위하여 결단하자.

주의 고난의 증인 _ 벧전 5:1-4

교회에서 직무를 맡은 사람은 주의 고난의 증인이 되어야 한다.

1. 주의 뜻을 좇아서 행함
2. 육신적인 탐심을 거절함
3. 모든 일에 모본을 보임

주님의 뜻을 따라 십자가를 사랑하고 고난의 길을 가기를 도전하자.

④ 집사(서리)의 가정

노아의 구원 방주 _ 창 6:8-14

하나님의 자녀는 심판 속에서도 구원을 받고 의의 후사가 된다.

1. 선택 받은 자녀에게 구원의 은혜를 입게 하심
2. 세상에서 하늘의 뜻을 이루시고자 사명을 주심
3. 사명을 감당하도록 인도하시고, 함께 해주심

노아에게 동행해 주신 하나님은 지금, 나와 동행하려 하신다.

나의 하나님 여호와를 향하여 _ 스 9:5-6

에스라는 범죄한 백성들을 대신하여 하나님께 회개하며 기도했다.

1. 무릎을 꿇고
2. 손을 높이 들고
3. 하나님을 향하여

하나님을 향하여 무릎을 꿇고, 두 손을 높이 들기를 다짐하자.

너희에게 평강이 있을지어다 _ 요 21:19-21

예수님께서는 우리가 두려워하는 시간에 찾아와 평강을 주신다.

1. 두려울 수밖에 없을 때, 찾아오신 예수님, 19절
2. 죽음을 이기시고, 부활하신 몸을 보여주신 예수님, 20절
3. 제자들을 세상으로 파송하신 예수님, 21절

주님께서는 이 평강을 나누어주라고 세상으로 보내신다.

섬기는 사람 _ 행 6:1-4

하나님께 일꾼으로 부르심을 받음은 섬김에 의미가 있다.

1. 봉사의 직무를 맡은 사람
2. 믿음과 성령이 충만한 사람
3. 교회를 세우는 사람

교회를 세워가는데 부족하지 않은 일꾼이 되기를 각오하자.

범사에 예수 그리스도로 말미암아 _ 벧전 4:10-11

제직은 교회 안에서 하나님의 은혜를 맡은 청지기의 한 사람이다.

1. 은혜를 맡은 사람
2. 주를 나타내도록
3. 영광을 하나님께

오직 은혜로 직분을 감당하는 선한 청지기가 되기를 결단하자.

끝이 오리라 _ 마 24:15-24

세상에서 살면서 동시에 하나님의 시간에 주의를 기울여야 한다.

1. 종말에 대한 영적인 깨달음
2. 종말의 경고를 들으라
3. 거짓 그리스도의 미혹

세상의 사사로운 것에 욕심내지 않도록 기도하자.

⑤ 집사(안수)의 가정

오늘날은 아름다운 소식이 있는 날이어늘 _ 왕하 7:9-20

성도는 죄인들에게 복음을 전해 영원한 멸망에서 건져주어야 한다.

1. 아름다운 소식은 문 밖에-하나님께서 준비하심
2. 아름다운 소식은 하나님이 만드심, 6절
3. 아름다운 소식을 전하는 자-네 사람의 한센병자

지금, 우리 아름다운 소식을 다른 사람에게 널리 전하기를 소원하자.

주의 아름다운 복으로 _ 시 21:1-3

하나님은 우리로 하여금 찬송을 올려드리도록 하신다.

1. 여호와로 말미암아 기뻐하며 즐거워함, 1절
2. 마음의 소원, 입술의 요구에 응답해주신 하나님, 2절
3. 영광스러운 자리에 이르게 하심, 3절

지극한 복, 존귀한 복으로 넘치도록 하신 하나님께 감사하자.

자기를 부인하고, 자기 십자가를 지고 _ 마 16:24-26

주님의 제자가 되려면 자기를 철저하게 부인해야만 한다.

1. 자기에 대한 부인
2. 온전히 깨닫는 주님의 뜻
3. 귀히 여겨야 할 천국의 기업

교회 안에서 자신의 십자가를 지고, 좋은 일꾼이 되기를 사모하자.

사마리아 성에 내려가 _ 행 8:4-8

빌립이 사마리아로 갔을 때, 큰 표적과 기사가 일어났다.

1. 성령이 충만하여 사마리아로 가다
2. 성령이 충만하여 복음을 전파하다
3. 성령의 능력이 나타나 큰 기쁨이 있게 되다

사마리아를 구원하시기 원하시던 하나님께 소망을 두자.

뵈뵈를 너희에게 추천하노니 _ 롬 16:1-2

우리는 추천을 받을 만한 일꾼이 되어야 한다.

1. 추천을 받는 일꾼
2. 교회의 일꾼
3. 주의 종의 보호자

교회 안에서 주의 종들에 대하여 목숨을 바치려는 각오를 결단하자.

사랑 가운데서 행하라 _ 엡 5:1-3

자신을 십자가의 죽음에 내어주신 그의 사랑은 참된 사랑이었다.

1. 예수님 안에서 나타나는 하나님의 사랑
2. 자기를 제물로 드리신 예수님
3. 사랑의 사람이 되어야

이 가정의 식구들이 하나님을 사랑하고, 사랑으로 살 것을 결단하자.

6 권사의 가정

감당할 수 없는 은혜 _ 창 32:10

내게 베푸신 감당할 수 없는 은혜에 감사함으로써 복이 되자.

1. 하나님을 주인으로 모시고 산 은혜
2. 모든 은총과 모든 진리를 깨닫게 하신 은혜
3. 소득을 갑절이나 얻도록 하신 은총의 은혜

감사하는 자는 더 감사할 수 있도록 복을 받는다.(시 50:23)

나의 도움이 어디서 올까 _ 시 121:1-4

우리는 하나님이 게신 성전 중심의 삶을 살아야 한다.

1. 천지를 지으신 하나님이 도와주신다, 2절
2. 하나님께서 실족하지 않게 하시고, 지켜주신다, 3절
3. 하나님은 졸지도 주무시지도 않으신다, 4절

하나님을 버리고 세상으로 나갈 수 없도록 나를 지켜주신다.

손자와 노인, 아비와 자식 _ 잠 17:6

우리가 어떻게 사느냐에 따라서 후대의 인생이 결정된다.

1. 어떤 부모가 될 것인가
2. 자녀를 위해 무엇을 할 것인가
3. 하나님을 배우는 가정

자녀의 장래를 위해 눈물을 흘리고, 믿음의 유산을 남겨 주도록 하자.

겨자씨의 믿음 _ 마 17:14-20

교회에서는 소홀히 취급되는 작은이들이 큰 역사를 이룬다.

1. 큰 역사를 일으키는 믿음
2. 생명력이 있는 믿음
3. 자라나는 믿음

우리의 믿음이 살아있어 생명력 있는 믿음이 되기를 결단하자.

전도자를 돕는 사람 _ 행 16:13-15

전도자의 복음을 전하는 사역을 돕는 일에 헌신해야 한다.

1. 하나님을 공경하는 사람
2. 주의 말씀을 경청한 사람
3. 주의 종을 잘 공궤한 사람

나의 직무를 다하기 위해서 봉사에 헌신할 것을 다짐하자.

만물보다 먼저 계신 하나님 _ 골 1:16-17

우리는 여호와의 창조주이심을 예배해야 한다.

1. 만물이 그에게로
2. 창조주를 기억하라
3. 하나님의 뜻대로

하나님을 창조주로 예배하고, 그 앞에서 피조물로 살아감을 결단하자.

⑦ 은퇴 제직의 가정

복을 온전히 즐거워하라 _ 신 16:13-17

하나님께서는 우리로 하여금 여호와를 예배하라고 장소를 택하셨다.

1. 하나님께서 택하신 곳
2. 우리가 즐거워할 것
3. 하나님께 영광이 되기를

구속함을 받은 지체로서 열심히 모여서 예배를 드리기를 사모하자.

다음 세대에 대한 의무 _ 신 31:12-13

자녀가 어릴 때부터 성경을 배우는 것은 그의 인생을 결정짓게 한다.

1. 하나님을 경외하도록
2. 율법을 지키도록
3. 하나님을 배우게 하도록

자녀가 부모의 하나님을 자기의 하나님으로 섬기도록 도전하자.

하나님은 누구와 함께 하시는가? _ 삿 6:11-18

하나님은 자녀들이 간구할 때, 귀를 여신다.

1. 기도하는 사람과 함께 하시는 하나님
2. 겸손한 사람과 함께 하시는 하나님
3. 순종하는 사람과 함께 하시는 하나님

하나님은 말씀을 순종하는 자를 귀하게 여기시고 역사하신다.

가루를 솥에 던지고 _ 왕하 4:38-41
성도는 세상의 모든 죄를 해독(解毒)하는 역할을 감당해야 한다.
1. 무엇인지 알지 못한지라
2. 솥에 사망의 독이 있나이다
3. 솥 가운데 해독(害毒)이 없어지니라

죄악으로 가득 찬 인간의 심령에 치료하시는 은혜의 가루를 던지자.

주께서 너와 함께 하시도다 _ 눅 1:27-30
예수님은 이 땅에 오실 때 은혜를 받은 여인을 통해서 오셨다.
1. 구주 예수님께서 내게 오신 은혜
2. 하나님의 아들을 낳게 하시는 은혜
3. 하나님의 뜻을 이루어드리고자 복종한 은혜

우리를 하나님께 온전히 드리는 은혜를 사모해야 한다.

성도의 삶-하나님을 기쁘시게 _ 롬 12:1-2
우리가 구원 받은 것은 순전히 하나님의 자비하심으로 된 것이다.
1. 구원의 감격으로 기쁘시게
2. 몸을 산제사로 기쁘시게
3. 순종하는 삶으로 기쁘시게

하나님은 우리를 사랑하시므로 우리가 제물로 드려지기를 원하신다.

8 장로의 가정

시온의 산에서 내려오는 은혜 _ 시 133:1-3
기름으로 묘사되는 성령님의 은총은 가족을 하나가 되게 해주신다.
1. 지극히 선하고 아름다운 것
2. 아론의 머리에 부은 기름
3. 성령님의 은총

식구들이 성령 안에서 연합하여 하나님을 섬기도록 기도하자.

세상의 빛 _ 마 5:14-16
우리는 이웃을 이롭게 하는 등불이 되어야 한다.
1. 너희는 세상의 빛이라
2. 등경 위에 두는 등불
3. 사람 앞에 비추라

모든 이들에게 빛을 비추어주는 역할을 감당하기를 기도하자.

피로 사신 교회를 보살피게 _ 행 20:28-35
장로에게는 교회에서 다른 어떤 직분보다도 책임이 크다
1. 하나님께서 세우신 감독
2. 교회 앞에서 깨어 기도하기를 힘씀
3. 교회 앞에서 약한 자들을 돕도록 힘씀

하나님과 교회를 위하여 섬기는 권위자가 될 것을 다짐하자.

미쳤다는 오해를 받으면서까지 _ 행 26:24-29

예수님을 만났던 이들은 주님께 미치지 않을 수 없었다.

1. 예수님을 만났기 때문에
2. 주님의 사랑 때문에
3. 보이지 않은 것을 보았기 때문에

신비로운 하나님의 세계에 감격하기를 기도하자.

몸의 행실을 죽이라 _ 롬 8:11-17

하나님께서는 우리를 값없이 은혜로 구원하셨다.

1. 빚진 자
2. 부끄러운 삶에 자신을 내어주지 말라
3. 이전에 즐기던 죄악된 행실을

구원을 받기 이전의 죄악된 행실을 죽이도록 하자.

장로들에게 권하노니 _ 벧전 5:1-4

장로는 하나님의 교회를 위하여 부름을 받은 종이다.

1. 함께 장로 된 자
2. 그리스도의 고난의 증인
3. 하나님의 영광에 참여할 자

철저하게 자신의 생각이나 욕심을 버리고 섬기기를 다짐하자.

9 부교역자의 가정

포악함이 땅에 가득하므로_ 창 6:9-14

세상의 죄악에 빠지지 않고 사는 것이 큰 복이다.

1. 여호와께 은혜를 입다
2. 사명이 주어지다
3. 순종으로 사명을 완수하다

하나님께서 나에게 주신 큰 사명을 잘 감당하도록 기도를 쉬지 말자.

제사장의 직분_ 출 28:1-5

하나님 앞에서의 직분은 하나님의 영광을 위해 수종을 드는 것이다.

1. 하나님 섬기는 직분, 1절
2. 성령의 인도를 받는 직분, 3절
3. 거룩한 생활을 하는 직분, 4절

오늘, 나의 직분이 오직 하나님을 섬기는 삶이 되도록 도전하자.

벧세메스로 가는 두 암소_ 삼상 6:10-12

교회의 직임은 거룩한 사역에 부름을 받은 영광의 직분이다.

1. 사명자로 부름 받은 영광
2. 울면서 앞만 보고 가라
3. 멍에를 메지 않는 두 소

교회의 일꾼에게 요구되는 것은 주를 향한 소망이 견고해야 함이다.

참 선지자란? _ 삼상 9:6
하나님께서는 자기 백성을 위하여 사람을 뽑으신다.
1. 백성들로부터 존경받는 자
2. 전한 말씀이 바르게 맞는 자
3. 백성을 옳은 데로 인도하는 자

하나님의 뜻을 정확하게 전하여 바른 일꾼이 되기를 소원하자.

당신의 영감이 갑절이나 내게 있기를 _ 왕하 2:1-14
우리는 엘리사처럼 갑절의 영감으로 이 시대를 주도해 나가야 한다.
1. 길갈에서 나가더니(수 4:24), 벧엘로(창 28:17)
2. 여리고, 요단가에 섰더니
3. 갑절의 영감으로 사역한 엘리사

지금, 우리는 끝까지 예수님의 말씀을 따라가는 끈기로 살아가자.

교회의 일꾼 된 것은 _ 골 1:24-29
고난의 정도가 아무리 커도 주를 사랑하는 이는 이를 피하지 않는다.
1. 주께 대한 사랑
2. 주께 대한 소망
3 주께 대한 충성

예수님께 충성을 보이며, 교회를 섬기는 일꾼이 되도록 도전하자.

2. 양육 · 훈련 심방

① 주일성수를 신앙의 원칙으로 삼음

이 모든 말씀을 들을 때에 _ 왕상 21:17-29

하나님께서 주신 사명을 위하여 근심하는 자들이 되어야 한다.

1. 탐욕으로 인한 근심, 4절
2. 신앙을 위한 근심-나봇의 결단
3. 사명을 위한 근심-"아합을 만나라."

하나님께서 내게 주신 영적 분깃을 지키기 위하여 근심하자.

천국에서 크다 일컬음을 _ 마 5:17-20

율법은 하나님을 경외하는 자에게 순종할 규범이다.

1. 천국 백성의 규범
2. 자신을 살피게 하는 율법
3. 일점일획도 순종해야 할 율법

율법에 순종하여 그만큼 하나님을 경외하기를 다짐하자.

하나님은 우리 아버지 _ 요 1:1-13

부모를 공경하는 것과 하나님을 섬기는 것은 동일한 차원이다.
1. 하나님은 우리의 아버지
2. 아버지의 재산은 아들의 것
3. 아버지를 욕되게 하지 말아야

부모님을 공경함으로써 하나님께로 나아가기를 결단하자.

하나님이 기뻐하시는 거룩한 산 제물로 _ 롬 12:1-2

우리를 지으신 첫째 목적은 하나님을 기쁘시게 하기 위해서이다.
1. 구원의 감격으로 기쁘시게 해드림
2. 우리 몸을 산제사로 드림으로 기쁘시게 해드림
3. 하나님께서 기뻐하시는 삶으로 기쁘시게 해드림

하나님의 기뻐하시고 온전하신 뜻을 분별해서 행하는 삶을 살자.

예배로 하나님을 기쁘시게 _ 골 1:16

하나님께 우선순위는 예배로 하나님을 기쁘시게 해드리는 삶이다.
1. 하나님을 예배하기 위해서 지음 받았다는 것을 깨달음
2. 하나님께서 나를 위하여 하신 일들에 대하여 감사함, 시 136:1-4.
3. 하나님께서 무엇을 원하시든지 나를 쳐 복종함, 롬 12:2

나의 나 됨은 하나님께 제물이 되어 드리는 삶이다.

② 예배 중심의 생활

하나님께서 받으실 만한 회개 _ 삼상 7:3

의의 새 옷을 입는 그리스도인의 태도가 어떠해야 하는지 배운다.

1. 전심으로 해야
2. 우상을 숭배하지 말아야
3. 열심으로 섬겨야

악에서 떠나 여호와만을 섬기겠다는 다짐을 새롭게 하자.

일어나 일을 행하라 _ 왕상 19:8-14

우리는 세미한 음성을 듣고 일어나 사명을 감당해야 한다.

1. 일어나야 할 사람, 3-4절
2. 절망을 딛고 일어서세 한 세미한 음성, 13절
3. 겸손히 회개할 때 들려온 음성, 11절

나에게 맡겨져 있는 사명을 생각하고, 여호와 앞에서 겸손하자.

하나님 앞에서 복된 자 _ 시 1:1-6

우리는 복을 구하지 말고, 복된 자가 되어야 한다.

1. 악인의 꾀를 좇지 않는 것
2. 죄인의 길에 서지 않는 것
3. 오만한 자의 자리에 앉지 않는 것

하나님의 말씀을 생명의 원리를 받아들여 순종하기를 기도하자.

용사보다 나은 자 _ 잠 16:32

마음을 다스리는 것은 성공이나 승리보다 나은 인생의 비결이다.

1. 욕망을 절제할 줄 알아야
2. 말을 절제할 줄 알아야
3. 행동을 절제할 줄 알아야

자신을 절제할 줄 아는 사람이 되기 위하여 자기를 다스리자.

복된 신앙의 자세 _ 살전 2:13-16

신앙의 첫걸음은 성경을 하나님의 말씀으로 받아들이는 것이다.

1. 성경을 하나님의 말씀으로 알아야
2. 성경을 순종으로 받아들여야
3. 성경을 거역하면 멸망으로 가는 것임

성경을 대할 때, 하나님께서 나에게 하시는 말씀으로 듣자.

변화된 사람 _ 몬 1:1-20

교회는 성도들이 하나님 앞에서 일꾼이 되게 하는 곳이다.

1. 바울을 만나서 도전을 받음
2. 복음을 위해 유익한 일꾼으로 변화됨
3. 하나님께 신실한 일꾼으로 변화됨

우리는 하나님과 교회를 위하여 자신이 변화되는 것에 도전하자.

③ 늘 하나님께 감사하는 삶

하나님의 사람 _ 왕상 17:17-24

성도는 오직 하나님께 소망을 두고, 하나님의 말씀에 순종해야 한다.
1. 하나님의 사람, 24절
2. 하나님의 사람의 영향력, 마 5:13-16,
3. 하나님의 사람의 역사(役事), 왕상 17:18

하나님의 사람은 세상 사람들에게 하나님을 보여 주어야 한다.

하나님이 이르시되 _ 시 91:14-16

하나님의 말씀은 지금, 여기에서 그대로 이루어지는 실제가 된다.
1. 하나님을 사랑하면 나를 건져주심
2. 하나님의 이름을 알면 나를 높여주심
3. 하나님께 간구하면 응답해주심

오늘, 하나님을 사랑하는 삶으로 한 날의 시간을 채우자.

우리가 넉넉히 이기느니라 _ 롬 8:37-39

우리를 사랑하시는 이로 말미암아 우리는 세상에서 넉넉히 이긴다.
1. 우리의 대적을 넉넉히 이기게 하심
2. 우리를 위하시는 하나님의 사랑이 넉넉히 이기게 하심
3. 친히 기도해 주셔서 넉넉히 이기게 하심

우리를 이기게 하시는 하나님의 사랑을 믿고, 오직 두려워하지 말자.

위엣 것을 생각하라 _ 골 3:1-4

천국 백성으로서 마땅히 하나님과의 관계가 먼저 되어야 한다.

1. 믿음으로 승리할 수 있음
2. 약속된 영생, 생명을 얻음
3. 현재의 삶에서 능력을 얻음

하늘로부터 은혜와 능력이 임하기를 기다리기에 결단하자.

믿음으로 나아가야 할 사람들 _ 히 8:9-10

하나님께서 우리를 성도로 부르셨을 때, 믿음으로 나아가야 한다.

1. 인내로써 우리 앞에 당한 경주를 경주함, 히 12:1-2
2. 어떤 어려움도 이기도록 하시는 하나님을 바라봄
3. 믿음의 실상을 바라봄, 히 11:8-10

하나님께서 경영하시고 지으실 터가 있는 성을 바라보기를 다짐하자.

살아 있어야 하는 존재 _ 계 3:1-6

성도는 신령한 의미에서 살아있는 존재가 되어야 한다.

1. 육신이 살아 있어야
2. 정신이 살아 있어야
3. 영혼이 살아 있어야

오늘, 하나님께 대하여 살아있는 존재로서 지내기를 다짐하자.

4 성경을 애독하는 생활

번뇌하여 죽을 지경이라 _ 삿 16:1-22

하나님의 사람이 세상에 마음을 내어주면 유혹을 받게 된다.

1. 쓰러뜨리려는 유혹
2. 사랑으로 탈을 쓴 유혹
3. 수치와 고통을 가져다준 유혹

내가 있어야 하고, 지켜야 되는 위치에서 떠나지 않도록 기도하자.

맹세하사 주리라 하신 온 땅을 _ 수 21:43-45

하나님은 자기의 자녀들에게 약속하신 것을 다 이루어 주신다.

1. 주리라 하신 온 땅을-복을 주시기 원하시는 하나님
2. 모든 원수들을 그들의 손에
3. 선한 말씀이-자기의 약속을 성취하심

오늘, 성경에 기록된 말씀이 다 이루어진다는 사실에 두려워하자.

여호와 보시기에 정직한 사람 _ 왕상 15:11-15

모든 것을 소유했을지라도 하나님을 떠나면 그 인생은 망하게 된다.

1. 여호와께 복 받을 사람
2. 하나님께 정직한 아사
3. 하나님을 사랑하라

하나님께서 기뻐하시는 선한 열매를 맺을 수 있기를 도전하자.

하나님이 주신 마음 _ 딤후 1:7

복음에 나타나는 능력은 인류의 구원을 위한 힘이다.

1. 능력의 마음
2. 사랑의 마음
3. 근신하는 마음

아가페 사랑으로 나를 구속하시는 하나님의 은혜에 감사하자.

하나님께 합당한 지도자 _ 딛 1:5-10

지도자의 자격을 점검하여 바른 역할을 감당하도록 해야 한다.

1. 지도자의 가정은? 6절
2. 지도자의 재물과의 관계는? 7절
3. 지도자와 윤리 생활은? 8절

하나님은 나를 교회의 지도자로 쓰시기를 원하신다.

나는 알파와 오메가라 _ 계 1:8

하나님은 창조주이시며, 역사의 심판자가 되신다.

1. 과거-그때에 우리는?
2. 현재-지금에 우리는?
3. 미래-다음에 우리는?

하나님 자녀의 신분에서 심판을 받을 준비를 하며 살아가야 한다.

⑤ 헌금을 즐겨 드리는 삶

번제로 제단에 드렸더니 _ 창 8:15-19

성도는 하나님의 말씀을 행동하는 기준으로 따라야 한다.

1. 노아에게 말씀하여 이르시되-말씀
2. 생육하고 번성하리라-복
3. 땅을 저주하지 아니하리니-약속

매일, 하나님의 말씀에서 위로를 경험하자.

넉넉하여 남는 예물 _ 출 35:4-9

하나님을 사랑하는 넉넉함으로 자신의 소유를 예물로 내어놓았다.

1. 하나님에의 사랑
2. 모세를 향한 신뢰
3. 쓰고도 남는 예물

우리의 드림이 넉넉할 때, 넉넉함의 복을 받음을 기억하자.

하나님의 구원을 보이리라 _ 시 50:14-23

하나님은 감사로 제사를 드리는 자를 기뻐하신다.

1. 감사로 제사를 드리며
2. 이제, 이를 생각하라
3. 하나님의 구원을 보이리라

구원의 은혜에 감사하여 하나님을 영화롭게 해드리자.

여호와께 즐거운 찬송 _ 시 100:1-5

하나님은 좋으신 분이시라 우리를 한 번도 버리신 일이 없으시다.

1. 선하심을 찬송하라
2. 인자하심을 찬송하라
3. 성실하심을 찬송하라

하나님의 아낌이 없으신 사랑과 자비를 즐거워하자.

그 아홉은 어디 있느냐 _ 눅 17:11-19

하나님의 은혜에 대한 감사는 그 은혜를 더욱 분명히 해준다.

1. 예수님의 관심이 된 문둥병자들
2. 감사한 한 사람
3. 네 믿음이 너를 구원하였느니라

하나님의 은혜에 대하여 공적으로 감사하기를 도전하자.

믿음으로 말미암아 구원을 _ 엡 2:8-9

영생의 선물을 주셨음에 감사하고, 영원한 삶을 사모해야 한다.

1. 그 은혜에 의하여
2. 하나님의 선물이라
3. 자랑하지 못하게

받은 구원에 대하여 오직 감사하기를 도전하자.

6 목회자를 존중하고 가까이 함

당신께 은혜 입기를 _ 삼상 1:15-18
하나님께서는 그의 백성을 위하여 지도자를 세우셔서 인도하신다.
1. 아들을 구하는 한나
2. 엘리 제사장의 축복
3. 제사장에게 은혜를 구한 한나

신앙생활을 하면서 목회자에게 은혜를 구함에 도전하자.

하나님의 사람 말씀대로 _ 왕하 5:10-14
내 생각을 버리고, 하나님의 생각에 순종할 때 기적이 일어난다.
1. 복음을 듣고-계집종이 전해준 말
2. 내 생각 때문에-화가 나서 물러가는 나아만
3. 복음에 순종하라-종들의 조언

육신의 생각은 사망이다. 내 생각을 부인하고, 말씀에 순종하자.

모든 좋은 것을 함께 _ 갈 6:6
성도는 자신을 인도해주는 지도자를 존중하고, 그를 따라야 한다.
1. 지도자를 통해서 가르쳐 주시는 하나님
2. 지도를 존중해야 할 성도
3. 인도자를 따르는 것은 하나님을 경외하는 태도

목회자의 가르침으로 말미암아 하나님께로 나아가자.

너희를 생각할 때마다 _ 빌 1:3-6

바울은 그리스도의 심장으로 빌립보 교회 성도들을 사모하였다.

1. 오직 감사하며 기쁨으로 간구하다
2. 하나님께서 이루실 줄을 확신하다
3. 하나님의 영광과 찬송이 되기를 구하다

우리는 주님의 날까지 의의 열매가 풍성하기를 소원해야 한다.

우리를 위하여 예비 된 의의 면류관 _ 딤후 4:6-8

하나님은 우리를 위하여 의의 면류관을 준비해 놓고 기다리신다.

1. 면류관을 사모하여 내게 주신 삶에 충성해야
2. 감독자가 되시는 하나님의 말씀에 순종해야
3. 복음을 위해 살기로 목표를 세워서 마지막까지

믿음의 상급을 준비해 놓으신 하나님께 영광을 드리자.

하나님이 원하시는 목자와 양의 관계 _ 히 13:17

목자는 양무리를 위하여, 양떼는 목자를 위하여

1. 양 무리들의 영혼을 위해 경성하라
2. 순종하고 복종하라
3. 즐거움으로 하게 하고 근심으로 하게 말라

성도의 생애는 교회에서 시작되고 교회에서 마감된다.

7 착한 행실에 힘쓰는 삶

하나님의 말씀을 농담으로 _ 창 19:12-15

하나님의 심판의 경고의 말을 들을 때, 겸손하게 받아야 한다.

1. 성을 멸한다는 말을 농담으로 여기다
2. 성을 떠나라는 말을 농담으로 여기다
3. 멸망을 면하라는 말을 농담으로 여기다

하나님의 말씀을 대할 때, 겸손하기를 기도하자.

패배한 이스라엘 _ 삼상 4:17

영적 전투에 임하는 성도의 자세를 다시 한 번 점검해야 한다.

1. 도망치다
2. 살륙을 당하다
3. 법궤를 빼앗기다

영적 전투를 위해서 기도와 말씀으로 무장하기를 다짐하자.

하나님의 계획 _ 왕상 22:29-36

하나님은 침묵하시지 않고, 세상에 대하여 자기의 뜻을 이루신다.

1. 죄인에게 회개할 기회를 주심
2. 하나님의 계획 앞에 우연은 없음
3. 회개와 순종으로 응답해야 함

하나님의 계획을 깨닫는 삶으로 하나님께 나아가기를 다짐하자.

복음을 부끄러워하지 아니하노니 _ 롬 1:13-17

우리는 믿음으로 말미암아 하나님께 의롭다고 칭함을 받아야 한다.

1. 좋은 열매를 맺어야, 13절
2. 빚을 갚을 수 없는 채무자, 14절
3. 복음을 사랑해야, 16절

구원의 능력이 되는 복음을 부끄러워하지 말고 전하기를 다짐하자.

귀히 쓰는 그릇 _ 딤후 2:20-23

성도는 정결한 행실이 동반되는 믿음으로 살아야 한다.

1. 종류가 다양한 그릇
2. 깨끗한 그릇
3. 필요에 따라 사용되는 그릇

하나님 앞에서 성령이 함께 하시는 성령님의 전이 되기를 기도하자.

은혜로운 길들이기 _ 약 3:7-12

천국의 백성이 되기 위하여 하나님의 자녀로 길들어져야 한다.

1. 하나님의 자녀로 길들여져야
2. 신앙으로 길들여져야
3. 교회 생활에 길들여져야

주님께서 하나님의 아들로서 사셨던 그 삶이 나의 것이기를 기도하자.

8 지체들과의 교제를 즐거워 함

여호와를 위하라, 기드온을 위하라 _ 삿 7:16-18

하나님의 사랑은 죄를 회개하게 하시고 믿음으로 이기게 하심이다.

1. 앞으로 나아가도록 명령하시는 하나님
2. 싸움에 임하는 지혜와 담대함을 주시는 하나님
3. 하나 되어서 이기도록 하시는 하나님

하나님은 이김의 보장이 되시고, 믿음으로 나아가면 승리한다.

내 친구와 내 형제처럼 _ 시 35:12-14

다윗은 친구들이 어려움을 당할 때, 친한 친구와 형제처럼 대했다.

1. 등을 돌리는 사람들
2. 선한 행동을 잃지 말라
3. 친구가 되어주라

교회 안에서 한 지체 된 이들을 친구와 형제처럼 여기도록 기도하자.

같은 마음과 같은 뜻으로 _ 고전 1:10-15

교회는 이 땅에서 하나님의 자녀들이 공동체를 이루는 자리이다.

1. 같은 말을 하고
2. 분쟁이 없이 같은 마음
3. 같은 뜻으로 합함

주님의 뜻에 자신의 생각과 마음, 말을 합하려 하자.

교회를 위한 간구 _ 엡 3:14-19

우리는 교회를 이루면서 속사람의 성장을 위하여 서로 격려해야 한다.
 1. 속사람이 강건하기를
 2. 그리스도께서 마음에 계시기를
 3. 뿌리가 박히고 터가 굳어지기를

교회 안에서 서로를 도전하여 믿음을 굳건히 하도록 피차 격려하자.

그리스도의 장성한 분량이 _ 엡 4:13-16

교회는 '하나의 완전한 사람이 되기까지' 자라야 한다.
 1. 하나님의 은혜로
 2. 흔들리지 않는 믿음으로
 3. 공동체의 고백으로

교회를 통해서 주님의 몸을 이루어감을 결단하자.

바울의 축복기도 _ 히 13:18-25

사도는 성도를 축복하면서 서신을 마치고 있다.
 1. '우리를 위하여 기도하라' –사도의 부탁
 2. 그 같은 권면을 용납하라
 3. 주님의 이름으로 서로 평안을 빌다

'은혜가 너희 모든 사람에게 있을 지어다' 라는 말로 서로 문안하자.

9 교회-세상을 위한 봉사

십자가의 능력 _ 고전 1:18-24

십자가의 능력이 무엇인지 개달아 자신 있는 신앙생활을 해야 한다.

1. 구원에 이르게 하는 능력
2. 화목케 하는 능력
3. 치료하는 능력

예수님께서 지신 십자가는 승리와 영광의 상징으로 바뀌었다.

이웃을 긍휼히 여겨라 _ 마 5:7

하나님을 대신해서 과부나 고아에게 긍휼을 베풀어야 한다.

1. 형제를 향한 용서
2. 긍휼이 요구되는 사람들
3. 긍휼의 아름다움

자비를 베풀어 하나님의 성품을 알리는 삶에 헌신하자.

교회는 무엇인가? _ 엡 1:20-23

교회는 세상에 계시는 하나님이시다.

1. 교회의 머리는 예수님
2. 교회의 몸은 성도들
3. 교회의 의미는 하나님의 나라

교회를 통해서 주님의 몸을 이루어가기를 다짐하자.

하나님의 평강을 누리자 _ 빌 4:5-9

우리는 서로에게 관용함으로써 하나님의 임재를 드러내어야 한다.

1. 모든 사람에게 관용하라
2. 염려 말고 기도하라
3. 평강을 주시는 하나님의 은혜

하나님께서 평강의 은혜를 주시도록 기다리자.

그리스도의 일꾼 _ 딤전 1:12-17

교회는 주님의 일꾼들이 겸손하게 효과적으로 사역하도록 한다.

1. 겸손한 삶을 살다
2. 뒤에 것은 잊어버리다
3. 맡겨진 일에는 충성을 다하다

하나님 앞에서 겸손하고, 하나님의 칭찬을 기대하면서 살아가자.

주를 위하여 순종하라 _ 벧전 2:13-17

하나님께서는 정치적으로 사람을 세우셔서 세상을 다스리신다.

1. 사람의 제도
2. 착한 일에의 도전
3. 존경해야 될 이웃

나의 의지를 착한 일에 도모하여 하나님을 영화롭게 하자.

10 구제하는 삶

과부나 고아를 _ 출 22:22

하나님은 무시당하기 쉬운 이들, 과부나 고아의 아버지이시다.

1. 하나님께 사랑을 받은 대상
2. 그들을 형제와 자매로 받아들여야
3. 그들이 살아갈 수 있도록 배려해주어야

다른 사람의 도움이 없이는 살아가기 힘든 이들을 배려하자.

구제를 좋아하는 자 _ 잠 11:24-25

어려운 이들에게 자비를 베푸는 것은 하나님께 드림이 된다.

1. 구제하는 손을 하나님께서 기억하심
2. 더욱 부하게 해주시는 하나님
3. 부요와 빈궁은 하나님께 속함

하나님의 손길이 되어 어려운 이들을 돕도록 하자.

인애와 긍휼을 베풀며 _ 슥 7:8-14

자비로우신 하나님께서는 연약한 이들을 외면하지 않으신다.

1. 하나님의 인애와 긍휼
2. 과부나 고아 등을 보살피시는 하나님
3. 하나님의 진노가 임하는 까닭

불우한 환경에 처해진 자들을 우리에게 부탁하셨음에 유의하자.

갚을 것이 없는 자들을 _ 눅 14:12-14

인간관계에서 보상을 바라고 하는 행위는 하나님께 합당하지 않다.

1. 대접을 하려는 목적
2. 대접을 해야 하는 대상
3. 외로운 사람들을 대접해야 함

보상을 바라지 않는 진실한 의미에서의 자비를 베풀도록 하자.

너희를 택하심을 아노라 _ 살전 1:2-10

데살로니가 교회의 모범을 배워 살아 있는 교회가 되도록 하자.

1. 믿음으로 일하는 교회
2. 사랑의 수고가 있는 교회
3. 소망의 인내를 가진 교회

오늘, 믿는 자의 본이 될 수 있도록 결단하자.

감사하는 사람 _ 살후 2:13-15

성도는 매일 매일의 생활을 하나님께 감사할 때, 행복한 삶이 된다.

1. 나를 택하셨기 때문에, 13절,
2. 성령으로 거룩하게 하셨기 때문에, 13절
3. 믿음으로 구원을 얻게 하셨기 때문에

오늘, 하나님 앞에 왜 감사의 사람이 되기를 다짐하자.

3. 흔들리는 지체 격려 심방

1 구원의 확신에 의심이 드는 경우

네가 어디 있느냐? _ 창 3:8-10

하나님을 피하여 숨은 아담에게 하나님께서 찾아오셨다.

1. 타락한 인간의 현주소
2. 타락한 인간의 처신-변명
3. 회개 대신에 책임의 전가

우리는 범죄 했을 때는 즉시 하나님께 고백하고 용서받아야 한다.

하나님을 진노케 하는 자에게는 _ 출 22:20-24

성도는 하나님께서 싫어하시는 일을 하지 말아야 한다.

1. 하나님께서 노하시면 죽임을 당함, 24절
2. 그의 아내를 과부로 만드심, 24절
3. 그의 자식은 고아가 되게 하심, 24절

하나님 앞에서 복을 받을 만한 삶을 살고자 하는 다짐을 하자.

기드온이 그들의 뒤를 추격하여 _ 삿 8:11-12

기드온은 미디안과의 싸움에서 도망가던 이들을 끝까지 추격하였다.

1. 기드온의 군대는 몸이 피곤하기까지 적들과 싸움
2. 승리를 거두었으나 방심하지 않음
3. 미디안의 두 왕을 추격하여 사로잡음

하나님은 우리에게 끝까지 믿음으로 나아가서 승리하기를 원하신다.

그리하면 얻으리라 _ 요 21:5-7

믿음을 잃고, 낙심해 있던 제자들에게 예수님께서 찾아오셨다.

1. 제자들이 곤경에 처해있을 때, 찾아오신 예수님, 6절
2. 문제 해결에 방책을 말씀하신 예수님, 6절
3. 제자들에게 주님을 알아보도록 하신 예수님, 7절

주님께서는 우리에게 잃었던 믿음을 찾게 하시고 회복시켜 주신다.

견고한 신앙 _ 고전 15:57-58

우리의 신앙은 어떤 경우에도 흔들리지 말고 견고해야 한다.

1. 주초를 튼튼히 해야
2. 뿌리를 깊숙이 내려야
3. 성숙된 신앙이 되어야

그리스도의 장성한 분량에 이르도록 스스로에게 도전하자

② 불순종적인 이유가 많아지는 경우

내 계명을 지키는 자에게는 _ 출 20:6-14
하나님은 계명을 주시고, 지키는 자에게는 복을 주시겠다고 하신다.
1. 은혜를 주심, 6절
2. 장수하게 하심, 12절
3. 행복한 가정을 영위하게 하심, 14절

오늘, 하나님의 백성 된 증거로 하나님의 말씀을 지킬 것을 도전하자.

불평은 멸망의 원인 _ 삿 12:1-6
불평은 자신에게나 타인에게 유익을 주지 못한다.
1. 전쟁에 참가시키지 않았다는 것
2. 입다의 집에 불을 놓겠다는 것
3. 불평한 결과로 죽다

교회와 가정의 모든 일에 행하시는 하나님을 묵상하자.

형통한 왕 솔로몬 _ 대상 29:23-25
하나님을 기쁘시게 한다면 모든 일이 형통케 될 것이다.
1. 솔로몬이 왕위에 오르다
2. 모든 방백과 용사, 다윗의 아들들이 솔로몬에게 복종하다
3. 하나님께서 왕의 위엄을 주시다

하나님께서 우리에게 권위를 주시도록 기도하자.

가룟 유다의 배신 _ 요 13:1-2

가룟 유다는 마귀의 미혹에 넘어져 예수님을 배신하였다.

1. 예수님보다 물질에 지극한 관심을 갖게 되었다
2. 사탄이 그의 마음에 들어와서 결국, 예수님을 배신하였다
3. 넘어진 결과: 저주를 받게 되었다

마귀의 시험에는 성역이 없다. 항상 깨어 주의해야 한다.

오직 마음을 새롭게 함으로 _ 골 1:9-14

바울과 그의 동역자들은 교회를 위하여 기도하기를 그치지 않았다.

1. 하나님의 참 뜻을 알도록 기도
2. 하나님의 뜻에 합당히 행하기를 기도
3. 하나님 아버지께 감사하기를 기도

하늘의 기업을 상속으로 주신 하나님께 감사하며 기도하자.

모든 선한 일에 예비함이 _ 딤후 2;20-21

하나님 앞에서 존귀한 성도가 되려면 죄와 불의를 멀리해야 한다.

1. 죄와 불의를 멀리해야
2. 주의 도움을 의뢰해야
3. 주의 상급을 소망해야

존귀한 존재가 되기를 희망할진대 주의 상급을 바라보자.

③ 과거의 악습을 버리지 못하는 경우

이스라엘 자손들에게 _ 출 19:1-6

하나님은 자기 백성에게 중보자를 세워서 훈련을 받게 하신다.

1. 중보자를 세워주심, 1절
2. 훈련을 시키심, 4절
3. 거룩한 백성이 되게 하심, 6절

성도라 불러주신 하나님 앞에서 거룩한 백성으로 살기를 결단하자.

이스라엘을 구원하기 위하여 _ 삿 13:1-7

하나님은 자기 백성을 구원하여 주시려고 사사를 세워주신다.

1. 구원자를 잉태하게 하심
2. 태어날 때부터 구별하심
3. 구원자를 통하여 역사하심

나를 어려운 환경에서 구하시려고 일하시는 하나님을 바라보자.

풍성한 제물 _ 대상 29:20-22

하나님께 드리는 제물에는 내적인 요소를 중요하다.

1. 온 백성들로 하나님을 송축하도록 하다, 20절
2. 백성들이 여호와께 풍성한 제물을 드리다, 21절
3. 솔로몬과 사독에게 기름을 부어 왕과 제사장이 되게 하다

우리는 내가 가진 직책을 가지고 하나님께 영광이 되도록 해야 한다.

여호와를 신뢰하고 인정하라 _ 잠 3:5-6

하나님의 말씀을 마음에 새길 때, 믿음이라는 물이 고인다.

1. 마음에 새기라
2. 말씀을 따르라
3. 자신을 포기하고 하나님께 맡기라

하나님의 말씀에 대한 전인격적인 순종과 수호를 마음에 간직하자.

흠을 찾을 수 없는 사람 _ 시 17:3-5

다윗은 자신이 입술로 범죄하지 않은 것을 자랑하기를 사모하였다.

1. 입으로 죄를 짓지 않기를 결심하라
2. 하나님의 말씀을 따라 스스로 삼라
3. 걸음으로 주의 길을 굳게 지켜라

하나님의 은혜 안에서 믿음을 지키고, 넘어지지 않기를 소원하자.

모든 일에 기도와 간구로 _ 빌 4:4-8

하나님께서 원하시는 것을 알게 하고 기쁨으로 생활해야 한다.

1. 관용을 나타내는 성도
2. 염려를 버리는 성도
3. 좋은 생각을 하는 성도

가나안에 들어간 사람은 믿음의 보고를 했던 여호수아와 갈렙이었다.

④ 신앙생활에 요동하는 경우

거룩한 안식일 _ 출 16:21-30

안식일을 지킴은 하나님의 자녀라는 자신의 정체성을 나타냄이다.

1. 여호와께 안식일, 25절
2. 안식일을 범하면 유익이 없음, 26-27절
3. 깨달은 백성들은 안식일을 지킴, 30절

영원한 안식을 기다리며 이 땅에서 안식일을 잘 지킬 것을 결단하자.

싸움의 대상: 블레셋 _ 삿 15:1-8

성도는 자신이 싸워야 하는 대상을 바로 알고, 싸워야 한다.

1. 장인과 싸우려 하지 않음
2. 블레셋과 싸움
3. 죄를 지으면 결국 벌을 받음

우리의 싸움의 대상(하늘에 있는 악의 영들)을 바로 하자.

한밤중의 기도와 찬송 _ 행 16:19-26

때때로 아무 것도 할 수 없고, 기도하며, 찬송해야 하는 시간이 있다.

1. 언제라도 드릴 수 있는 기도와 찬송
2. 기도와 찬송의 응답
3. 하나님의 손을 움직이는 열쇠

하나님께서 나를 대신하여 일을 해주시기를 소망하자.

마음을 새롭게 함으로 _ 롬 12:2

지금, 우리는 이 세대를 본받지 않도록 주의해야 한다.

1. 이 세대를 본받지 말아야
2. 마음에 변화를 받아야
3. 하나님의 뜻을 잘 분별해야

우리의 마음에 천국을 소유하여 살아가기를 기도하자.

교회는 그의 몸이니 _ 엡 1:15-24

우리는 하나님의 교회를 위하여 기도해야 할 사람들이다.

1. 하나님을 알게 하기 위한 기도
2. 마음의 눈을 열기 위한 기도
3. 교회를 아름답게 섬기기 위한 기도

성도는 하나님 중심, 성경 중심, 교회 중심으로 살아가야 한다.

부르심과 택하심을 굳게 _ 벧후 1:5-10

우리는 하나님의 부르심과 택하심을 굳게 해야 한다.

1. 우리를 부르시고, 택하시는 하나님
2. 구원에 이르게 하는 부르심과 택하심
3. 보배롭고 큰 약속

오늘, 부르심과 택하심의 은혜로 구원에 이르렀음에 감사하자.

⑤ 지도자를 거역하는 경우

내가 여호와를 찬송하리라 _ 출 15:1-11

모세는 애굽에서 구원하여 주신 은혜를 감사하여 찬송하였다.

1. 여호와는 나의 힘이 되시기 때문에
2. 여호와는 나의 하나님이 되시기 때문에
3. 여호와는 최고의 신이시기 때문에

나를 돌보시며 다스리시는 하나님을 찬송하기 위하여 기도하자.

나의 행보를 주의 말씀에 _ 시 119:129-133

죄로부터 자유하려면 하나님의 말씀으로 자기를 깨달아야 한다.

1. 자신의 우둔함을 깨달으라
2. 말씀을 사모하고, 갈급해하라
3. 말씀에 삶의 기초를 놓으라

내 모든 삶의 뿌리가 말씀에 닿아 있기를 결단하자.

마귀로부터 시험을 받으신 예수님 _ 마 4:1-11

마귀의 시험을 물리치신 예수님의 승리의 비결을 배워야 한다.

1. 첫 번째 시험-배고픔을 공격함
2. 두 번째 시험-명예욕을 부추김
3. 세 번째 시험:-권세에 대한 것을 부추김

우리에게 경배의 대상은 오직 하나님한분 뿐이신 것을 기억하자.

마음을 같이하는 지체들 _ 행 2:42-47

하나님과 성도간의 온전한 관계를 이루어 교회를 교회 되게 하자.

1. 모이기를 원하는 무리
2. 가르침을 사모하는 무리
3. 서로 섬기는 무리

교회 안에서 지체를 섬기는 것을 즐거이 여기도록 자신에게 도전하자.

우리가 너희에게 전한 복음 _ 갈 1:11-12

우리가 받은 복음은 사람에게서 온 것이 아니고 하나님에게서 왔다.

1. 사람의 뜻에 따라 된 것이 아님
2. 사람에게 받거나 배운 것이 아님, 12절
3. 오직 예수 그리스도의 계시로 말미암은 것

우리가 사랑하고, 생명을 걸고 전하는 복음은 예수 그리스도이시다.

거룩함에 흠이 없게 _ 살전 3:11-13

주님의 재림을 기다리는 자들은 말씀으로 마음을 굳게 해야 한다.

1. 마음을 굳게 하기를 기도하라
2. 마음을 굳게 해 주는 교회
3. 거룩함에 흠이 없기를 사모하라

교회에서 흘러나오는 은혜로 말미암아 자기를 굳게 하자.

6 헌금에 시험이 드는 경우

너희를 위하여 행하시는 일을 보라 _ 출 14:14-28

성도는 하나님께서 행하시는 일들에 주목해야 한다.

1. 싸우시는 일을 보라
2. 홍해를 가르시는 일을 보라
3. 애굽인들이 죽는 것을 보라

하나님께서 우리를 위하여 행하시는 일들에 감격하도록 도전하자.

복을 주신 대로 헤아려 _ 신 16:9-12

하나님께서 나에게 베풀어 주신 은혜를 헤아려 감사하자.

1. 하나님께서 복 주신 것을 감사
2. 힘을 다하여 하나님께 감사드림
3. 자원하여 하나님께 예물을 드림

여호와의 이름에 합당한 감사를 드리는 성도가 되기를 기도하자.

하나님께서 세우시는 자 _ 삼상 16:1-13

성도는 하나님의 사람으로 부름을 받은 이상, 자신을 살펴야 한다.

1. 하나님께서 선택하신 사람
2. 중심이 하나님께 있는 사람
3. 성령님께 충만한 사람

하나님의 세우심을 받기 위해서 자기를 준비하도록 도전하자.

빈틈이 없는 완전한 삶 _ 대상 28:9-19

성도는 하나님께 대하여 성실하며, 모든 일에 빈틈이 없어야 한다.

1. 솔로몬에게 하나님 앞에서 살 것을 훈계함
2. 성전의 식양을 솔로몬에게 가르쳐 줌
3. 하나님께서 기뻐하시는 것을 따르도록 권고함

하나님께서 기뻐하시는 대로 모든 것들을 할 것을 도전하자.

풍성한 은혜-그리스도 안에서 _ 엡 1:7-12

우리는 감사함으로 하나님께 영광과 찬송을 드려야 한다.

1. 갚을 수 없는 구속의 은혜
2. 감사가 넘치도록
3. 생명의 풍성함

생명의 은혜를 주시는 하나님께 항상 감사하기를 결단하자.

위의 것이냐, 땅의 것이냐? _ 골 3:1-4

우리가 하나님의 자녀라면 하나님을 찾아야 한다.

1. 위의 것을 찾으라
2. 위의 것을 생각하라
3. 땅의 것을 생각하지 말라

여호와 앞에서 온전하기 위하여 땅의 것에 매이지 않기를 기도하자.

7 교회 안에서 지체들과의 관계 갈등

나온 그 날을 기념하여 _ 출 13:1-10
성도는 구원의 은혜를 받은 시간을 기념해야 한다.
1. 처음 것을 드림, 2절
2. 무교병을 먹음, 6절
3. 계속 감사하며 죄를 멀리함, 10절

구원받았음을 감사하는 자로서 하나님께 영광을 드리기를 결단하자.

근심하여 온 밤을 여호와께 _ 삼상 15:11
하나님의 사람은 하나님의 뜻이 이루어짐에 대하여 민감해야 한다.
1. 후회하시는 하나님
2. 하나님의 후회하심에 대한 반응-사무엘의 근심
3. 여호와께 부르짖다

하나님의 뜻을 바로 깨닫고, 이로 인해 고뇌하며 기도하자.

군대의 조직 _ 대상 27:1-15
하나님의 영광을 목적으로 교회에는 조직이 있어야 한다.
1. 군대를 각 대별로 나눔
2. 매월 번갈아 가면서 근무함
3. 우리는 그리스도의 좋은 군사가 되어야 함

좋은 군사가 되도록 훈련을 힘쓰고, 군사 된 본분을 잊지 말자.

영적 무지의 병_ 렘 5:1-6

하나님께 대한 민감함을 잃지 않도록 주의해야 한다.

1. 하나님의 섭리에 대하여 무지함
2. 하나님의 일하심에 대하여 무지함
3. 멸망을 당해도 항복할 줄 모름

죄를 짓는 것보다 회개하지 못함을 슬퍼하자.

광풍이 일어나서_ 막 4:35-41

폭풍우가 몰아치는 시간에 예수님을 찾아야 한다.

1. 예수님을 찾게 하는 시간
2. 예수님을 바로 알게 하는 시간
3. 예수님을 믿고 의지하게 하는 시간

인생의 생사화복을 주관하시는 하나님께 초점을 맞추도록 하자.

내가 품어야 할 마음은_ 빌 2:1-11

오직 예수님이 나의 생각과 행동에 기준과 중심이 되어야 한다.

1. 마음을 같이하여 같은 사랑을 가지고
2. 뜻을 합하여 한 마음을 품어
3. 예수님의 마음을 품어야

오늘, 예수님의 마음을 품고 이웃과 세상을 바라보자.

8 교회활동에 참여하기 싫은 경우

마지막 시간, 시작의 시간_ 출 11:1-8

하나님의 하시는 일에는 처음과 나중이 있고, 시작과 끝이 있다.

1. 바로에게 마지막 경고, 1절
2. 이스라엘 백성에게 출애굽의 준비, 2절
3. 애굽과 이스라엘의 구별

우리는 마지막 경고를 무시하지 말고, 겸손하게 받아들여야 한다.

뇌물을 받고, 판결을 굽게_ 삼상 8:3

자신이 직분이나 직위를 이용해서 이익을 추구해서는 안 된다.

1. 개인적인 이익을 추구하다
2. 뇌물을 취하다
3. 재판을 굽게 하다

나의 행위를 통하여 하나님의 영광에서 떠나지 않도록 결단하자.

여호와의 전에서 섬기는 사람_ 대상 26: 12-19

하나님의 일에 합당한 일꾼이 되도록 자기를 준비해야 한다.

1. 여호와의 전에서 섬기는 직임을 가짐
2. 제비를 뽑아서 자신의 담당구역을 나눔
3. 재림의 예수 그리스도를 기다리는 문지기가 되어야

주님께서 오실 때, 부끄러움을 당하지 않도록 자기를 다스리자.

어찌 그리 사랑스러운 교회 _ 시 84:1-4

교회를 향한 사랑을 통해서 하나님께 사랑을 바치도록 하자.

 1. 사랑해야 할 교회
 2. 사모하고, 사모해야 할 교회
 3. 복이 있음을 고백하는 교회

하나님의 교회를 사랑하고, 하나님께 영광을 드리기를 사모하자.

하나님 여호와께로 돌아오라 _ 호 14:1-3

하나님을 멀리 하고 세상과 우상을 가까이 한 일에서 떠나야 한다.

 1. 여호와를 찾게 하시는 하나님
 2. 돌아오게 하시는 하나님
 3. 긍휼을 베푸시는 하나님

하나님께로 돌아온 선한 행실을 귀하게 여겨달라고 간구하자.

갈 바를 알지 못하고 _ 히 11:8-10

우리가 하나님의 명령에 복종하는 것은 지극히 당연한 의무이다.

 1. 절대 순종
 2. 절대 확신
 3. 절대 소망

이 땅에서 사는 동안에 믿음으로 살아가겠다는 도전을 하자.

9 교회에 대한 불평-불만이 생기는 경우

내가 너로 신이 되게 하였은즉 _ 출 7:1-18

하나님께서는 모세를 사용하여 이스라엘 백성을 구원해 내려 하셨다.

1. 너로 바로에게 신이 되게 하였은즉
2. 너의 지팡이를 바로 앞에 던지라
3. 하나님의 사자로서 바로에게 고하여

오늘, 이 땅에서 하나님의 일을 위해서 사용받기를 사모하자.

영적인 어두움에 처한 엘리 _ 삼상 3:1-2

성도는 영적 무기력을 물리치고 강건한 삶을 유지해야 한다.

1. 여호와의 말씀이 희귀한 상태
2. 이상이 보이지 않는 상태
3. 눈이 어두워서 보지 못하는 상태

영적 암흑의 상태를 깨뜨리고, 영안이 열려 있기를 기도하자.

성전의 문을 지키는 사람들 _ 대상 26:1-11

하나님 앞에서 맡겨진 일에 자신의 사명을 감당해야 한다.

1. 반차를 따라서 봉사의 직무를 수행함
2. 밤낮으로 문을 지킴
3. 성도는 교회를 지키는 진리의 파수꾼

교회를 지키는 진리의 파수꾼이 되기를 결단하자.

진리가 자유케 하리라 _ 요 8:31-40

예수님께서 우리를 구원해 주심은 자유하도록 하심이셨다.
1. 육체적인 속박에서 자유를 얻어야
2. 정신적인 속박에서 자유를 얻어야
3. 마귀의 속박으로부터 자유를 얻어야

성령님의 인도하심으로 자유하기를 소망하자.

아름다운 열매 _ 빌 1:3-11

의의 열매가 가득하여 하나님의 영광이 되기를 소원하자.
1. 좋은 나무가 좋은 열매를 맺음
2. 예수님과 함께 있으면 좋은 열매를 맺음
3. 한 알의 밀알이 썩어지면 아름다운 열매를 맺음

성령님께 충만하여 열매를 맺는 생활을 함에 도전하자.

후일에 유의하라 _ 딤전 4:1-2

성도를 미혹하는 영과 귀신의 가르침을 좇지 않도록 해야 한다.
1. 믿음에서 떠나지 않도록
2. 미혹하는 영과 귀신의 가르침을 좇지 않도록
3. 양심에 화인을 맞아 거짓말을 하지 않도록

나의 도덕적인 의식이 하나님께만 속해있도록 결단하자.

4. 거룩함에 도전하는 심방

1 세상적인 욕심이 많은 성도

하나님께서 좋아하시는 것 _ 사 1:10-17

바른 신앙생활을 한다는 것은 하나님께 합하게 지내는 것이다.

1. 하나님을 아는 것
2. 상한 심령이 되는 것
3. 계명에 순종하는 것

하나님께서 나에게 요구하시는 것들에 민감하자.

고기를 잡은 것이 심히 많아 _ 눅 5:4-7

예수님께서 갈릴리에 있는 이들에게 오셔서 제자를 삼으셨다.

1. 예수님께서 사람에게 찾아오심이 은혜이다, 눅 5:1-3
2. 천국 복음을 듣고, 믿게 하신은혜이다, 요 1:12
3. 예수님의 말씀이 그대로 될 줄을 믿게 하신 은혜이다

예수님의 말씀이 곧 하나님의 말씀으로써 권능이며 생명이다.

다 주의 말씀을 듣더라 _ 행 12:10-12

하나님의 말씀은 성령님의 충만으로 내게 은혜와 능력이 되어 주신다.

1. 예수님의 제자의 길을 가게 하심
2. 성령님이 충만하신 말씀을 베풀어주심
3. 예수 이름으로 기도할 때, 큰 기적과 축복이 임하게 하심

하나님의 은혜로 사람이 변화되고 제자의 길을 가기를 사모하자.

세월 속에서 지혜로운 사람 _ 엡 5:15-21

자신의 욕망을 따라 살지 말고, 성령의 인도함을 받아야 한다.

1. 성령님께 충만을 받아야
2. 찬양과 감사해야
3. 그리스도를 경외해야

하나님을 의지하고 잘 믿는 생활을 소망하자.

족한 줄로 알라 _ 딤후 6:7-12

하나님 앞에서의 감사는 성도의 인격이다.

1. 족한 줄을 알아야 감사할 수 있게 됨
2. 족한 줄을 아는 자는 시험에 빠지지 않음
3. 감사하는 자는 복을 받음

오늘, 나의 나 됨은 전적으로 하나님의 은혜라고 여기자.

② 재물에 대한 집착이 강한 성도

하나님의 형상을 찾자 _ 창 1:26-28
죄인의 구원은 인간에게 있는 하나님의 형상을 다시 찾는 것이다.
1. 옛 사람이 죽어야
2. 성령으로 거듭나야
3. 예수님을 닮아야

예수님을 닮아 하나님의 형상을 간직하도록 도전하자.

성전의 건축을 예비한 다윗 왕 _ 대상 29:1-9
다윗은 하나님의 성전을 건축하기 위해 모든 것을 예비하였다.
1. 하나님의 큰 역사라고 환기시킴
2. 성전의 건축에 솔선수범함
3. 성심으로 예물을 드림

하나님의 영광을 위해 전심으로 예물을 드리는 삶을 결단하자.

오직 여호와의 뜻만이 _ 잠 19:21
만물이 하나님의 계획에 의해서 창조되었고, 하나님을 위해 존재한다.
1. 우리는 하나님의 뜻을 이루기 위해서 지음을 받았고 살아감
2. 하나님께서 주신 말씀에 순종하는 훈련으로 살아가야 함
3. 우리의 신앙생활에도 하나님의 목적을 이룸이 있음

힘써 하나님께서 주신 목적을 이루는 삶을 살기로 다짐하자.

하루살이 같은 인생 _ 사 51:4-8

하나님의 심판을 받는 하루살이 인생이 있다.

1. 내일이 없는 하루살이
2. 불을 알지 못하는 하루살이
3. 무능력한 존재-하루살이

우리는 영생의 존재로서 영원을 사모해야 한다.

좋은 것을 심자 _ 눅 6:43-45

좋은 것을 심어야 거두어들이는 열매가 아름답다.

1. 밭이 되는 환경이 좋아야
2. 좋은 씨앗을 심어야
3. 하나님의 말씀을 심어야

하나님의 말씀이 나의 마음과 생각을 지배하도록 하자.

헛된 것에 이끌리게 되면? _ 계 3:14-19

진리를 모르고 헛된 것에 속아 살아가지는 않는지 돌아보자.

1. 가난을 모르고 부자라 착각함
2. 벗은 줄을 모르고 입은 줄로 착각함
3. 보지 못함을 모르고 보는 것으로 착각함

오직 하나님의 말씀과 성령님께 충만하여 자신을 바로 알자.

③ 분노로 가득한 성도

형통의 복을 누리려면 _ 창 39:1-6
하나님 앞에서 살아간다는 것은 형통의 삶이다.
1. 하나님의 선택받은 사람이 받음
2. 하나님이 함께 하신 사람이 받음
3. 하나님께 의인이 받음

하나님의 주권을 인정하고, 그 앞에서 살아가기를 다짐하자.

한계 상황에 처한 사울 _ 삼상 31:3-5
성도도 이 세상에서 사는 동안에 어려움을 겪는다는 것을 기억한다.
1. 쫓김을 받게 되다, 3절
2. 두려움이 생기다, 4절
3. 삶을 포기하려 하다, 4절

어떤 곤고가 닥쳐오더라도 삶을 포기하지 않겠다고 다짐하자.

구별된 사람들 _ 대상 23:7-20
하나님께서는 하나님의 일을 위하여 구별된 사람을 준비시키신다.
1. 하나님의 계획에 의해서 구별한 사람들
2. 선택하신 사람은 하나님께서 거룩하게 하심
3. 하나님의 일에 봉사하도록 직무를 맡기심

충성을 다할 때 칭찬이 있고 또한 상급이 있음을 기억하자.

새 힘이 필요한 시간 _ 사 40:27-31

매일의 삶은 하늘로부터 내려오는 새 힘으로 죄악을 이겨야 한다.

1. 하나님과 연결이 끊어지지 말아야
2. 믿음의 방향이 올바르게 되어야
3. 하나님께 구하는 기도를 해야

나의 부족함을 깨닫고, 하나님의 도우심을 구하자.

감사하며 살아야 하는 인생 _ 골 3:15-17

하나님께로 나아갈 때는 감사를 헤아리며 나아가야 한다.

1. 감사를 원하시는 하나님
2. 감사하는 자가 행복을 누림
3. 감사하는 자가 복을 받음

하나님께서 나에게 베풀어주신 것을 늘 셈하도록 하자.

마귀를 대적하려면? _ 벧전 5:7-11

우리는 살아가는 날 동안에 끊임 없이 마귀를 대적해야 한다.

1. 믿음의 방패인 용기가 있어야
2. 기도로 훈련되어 있어야
3. 성령의 검 하나님의 말씀이 있어야

영적 전투를 위하여 부름을 받았다는 사명에 뜨거워지자.

④ 남을 미워하는 성도

하나님을 찾는 사람은 누구? _ 삼상 30:3-6

여호와를 힘입을 때, 용기를 얻게 해주시는 하나님이시다.

1. 위험에 처한 사람, 6절
2. 슬픔에 빠진 사람, 6절
3. 사로잡힌 사람, 3절

아버지가 되시며, 보호자 되신 주님께 소망을 두자.

반차(차례, 반열)를 따라 섬김 _ 대상 24:1-5

공동체가 제 기능을 다하려면 질서와 조화의 유지가 요구된다.

1. 섬김의 직무가 분담되다
2. 차등 없이 공평하게 나누다
3. 하나님의 뜻을 따라 섬기다

오직 하나님의 뜻을 따라서 주님의 일을 섬기겠다고 도전하자.

우리가 나아가야 할 방향 _ 시 146:1-10

성도의 삶은 사는 것 자체가 하나님께 드림이 되어야 한다.

1. 하나님을 찬양함: ○○○ 님의 습관
2. 인생을 의지하지 않음: ○○○ 님의 생각
3. 하나님께 소망을 하나님께 둠: ○○○ 님의 결단

여호와께 복이 있는 사람이 되기를 도전하자.

예수님께 미쳐야 할 인생 _ 행 26:24-29

사람은 자신이 무엇에 미쳤느냐에 따라 인생이 결정된다.

1. 예수님을 만났기 때문에
2. 그리스도의 사랑 때문에
3. 보이지 않은 것을 보았기 때문에

하늘에 속해 있는 신비한 능력을 체험하기를 소망하자.

믿음, 소망, 사랑, 이 세 가지 _ 고전 13:12-13

하나님의 자녀들은 교회에 주신 하나님의 은혜로 어려움을 이긴다.

1. 믿음의 은혜-하나님과 우리의 관계를 맺음
2. 소망의 은혜-사탄의 공격을 무찌르게 해줌
3. 사랑의 은혜-우리를 온전함에 이르도록 해줌

오늘, 한 날 동안에 세상을 이기고, 사탄을 대적하기를 도전하자.

우리의 산 소망 _ 벧전 1:1-9

성도는 종말의 시간에도 내세를 바라보게 된다.

1. 종말이 와도 내세가 있음
2. 지금은 비록 망해도 내일이 있음
3. 육신은 망해도 영적인 삶이 있음

산 소망을 가지고 하나님의 은혜를 바라보자.

⑤ 남들 앞에서 높아지려는 성도

자기 얼굴을 가리웠더라 _ 출 34:29-35
우리는 자신의 잘못을 깨닫고 하나님께 영광을 드려야 한다.
1. 누구나 자신의 결점이 있음, 29절
2. 사람은 자신의 결점을 모름, 30절
3. 자신의 결점을 고쳐야, 33-35절

하나님 앞에서 늘 자신을 돌아보는 것에 민첩해지도록 기도하자.

위기에 처한 다윗 _ 삼상 29:2-7
우리를 위해 끝까지 보호해 주시는 하나님의 손길이 있으시다.
1. 거짓말로 인한 것
2. 하나님의 섭리로 위기를 모면함
3. 위기의 상황에서 건져주시는 하나님

하나님의 손길은 못 미치는 곳이 없으심을 잊지 말자.

레위 자손의 임무 _ 대상 23:1-6
성도들에게는 각자에게 부여된 독특한 사명과 책임이 있다.
1. 레위 자손 중에서 계수에 포함된 사람들
2. 계수함을 받은 자들은 각자의 임무를 받음
3. 충성할 때, 칭찬이 따름을 기억해야

우리에게 언제나 요구되는 것은 하나님께 충성이라는 것을 배우자.

손바닥에 새기시는 하나님 _ 사 49:14-17

토기장이의 손에 있는 진흙은 토기장이에게 쓰임을 받는다.

1. 소망의 음성
2. 사랑의 확증
3. 하나님께 쓰여 짐

하나님 앞에서 감사로 살아가기를 도전하자.

화평을 도모하라 _ 마 5:9

하나님과 화평하지 못하면, 이웃과 화평에 이르지 못한다.

1. 하나님과의 화평-아버지가 되시는 하나님을 가까이 해야
2. 이웃과의 화평-모든 사람으로 더불어 화평하라
3. 화평을 이룬 결과-하나님의 아들이라 일컬음을 받게 됨

주님의 보혈의 공로로 하나님과의 화평을 이루기를 다짐하자.

주 안에서 기뻐하라 _ 빌 3:1-6

교만했던 우리를 겸손하게 하시고, 은혜를 사모하게 하신다.

1. 예수님을 알기 전의 바울-율법의 의로는 흠이 없는 자라 여김
2. 죄인 중의 괴수
3. 복음의 능력-예수님의 일꾼이 됨

예수님에 대한 바른 믿음과 지식은 사람을 새롭게 한다.

6 도적질을 하는 성도

부르짖고, 부르짖어도 _ 삼상 28:15-16
성경에는 멸망이 주의 법을 어기는 자를 기다리고 있다고 했다.
1. 위급한 상황에 놓이게 되다, 15절
2. 하나님의 음성을 듣지 못하다, 15절
3. 하나님의 대적이 되다, 16절

하나님은 만홀히 여김을 받지 아니하시는 분이심을 기억하자.

형통의 비결을 가르쳐 준 다윗 _ 대상 22:11-16
우리는 주 안에서 형통하게 되는 삶의 비결을 배워야 한다.
1. 주의 뜻을 좇아서 행해야
2. 강하고 담대해야
3. 하나님께서 함께 하셔야

늘 함께 계신다는 하나님의 약속을 굳게 믿음에 도전하자.

정치와 종교의 일치 _ 대상 26:29-32
이스라엘 사람들에게 정치와 종교는 분리될 수 없는 관계였다.
1. 각 처에서 자기 직무를 충실하게 행하다
2. 여호와의 모든 일과 왕을 섬기는 직임을 맡다
3. 이스라엘 백성에게 신앙과 생활은 일치하다

하나님 앞에서 성도의 삶이 신앙과 삶에 일치하기를 소망하자.

새 힘을 얻으려면 _ 사 40:27-31

성도는 힘의 근원이신 하나님이 계심을 바라보아야 한다.

1. 여호와를 앙망하는 자가
2. 하나님의 자녀에게
3. 하나님을 신뢰하는 자가

하나님께서 나에게 새 힘을 주실 것을 기대하자.

발걸음을 멈춘 예수님 _ 막 10:46-52

우리의 삶은 순간순간 하나님께 감동이 되어야 한다.

1. 나사렛 예수시란 말을 듣고
2. 예수님을 향한 바른 고백
3. 겉옷을 벗어 던지는 결단

주님 앞에서 인간적인 옷을 벗어던지도록 결단하자.

백 배의 결실 _ 눅 8:4-8

천국 백성의 경제원리는 심고, 거둠을 순종함에 있다.

1. 생명의 씨앗을 심어야
2. 심는 대로 거둠의 원리에 순종함
3. 옥토의 밭이 되어야

하나님의 말씀을 받을 만한 심령을 갖도록 하자.

1 거짓말을 일삼는 성도

거짓 증거하지 말라_ 신 5:20

사람에게 하는 언어는 하나님께 올려드리는 것이다.
1. 이웃과의 관계를 정직에서 시작하라
2. 이웃을 통해서 하나님께로
3. 거짓말의 의도: 자기의 유익을 구함

하나님 앞에서의 정직함으로 이웃에게 말을 하자.

악인의 궤계_ 삼상 27:10-12

의인에게 품는 악인의 악한 궤계가 있으므로 주의해야 한다.
1. 다툼을 꾀하다, 10절
2. 사랑이 없어지게 하다, 11절
3. 미움을 꾀하다, 12절

성도간의 시기와 질투는 행한 대로 하나님의 국문(鞫問)을 받게 된다.

성물의 관리직_ 대상 26:20-28

교회에서는 성물이 구별되어서 거룩하게 관리되어져야 한다.
1. 하나님의 전 곳간과 성물 곳간을 관리함
2. 성물관리를 맡은 이들이 역할을 분담함
3. 구별하여 드려진 성물이 있었음

하나님께 중심 된 나의 신앙이 표현되는 헌물을 드리도록 결단하자.

정직한 자에게의 보상 _ 욥 8:6

혹시, 죄를 지었을지라도 정직하면 하나님께서 돌아보신다!

1. 거짓말: 하나님을 속이는 행위
2. 정직한 말: 하나님께서 들어주심
3. 정직함-하나님과의 관계 회복

사람에게 정직하여 하나님께 인정을 받도록 하자.

입술의 열매 _ 잠 13:2

거짓말로 남을 속여서 자신을 이롭게 하는 것은 곧 죄이다.

1. 입술의 열매로 복을 누리거나 강포를 당함
2. 마음의 생각이 입술에서 말이 됨
3. 거짓을 꾸며대면 하나님께서 미워하심

하나님을 속이지 않도록 나의 혀를 주장하자.

참된 것을 말하라 _ 엡 4:25

하나님이 진실하심을 기대하려면 그 분 앞에서 참되어야 한다.

1. 하나님은 자기 자녀들에게 참되심
2. 사탄은 거짓의 아비
3. 거짓을 버리고 진실해야 함

거짓을 버리고 새 사람의 증거인 참된 말을 하자.

8 쾌락을 즐기는 성도

하나님이 그를 데려가시므로 _ 창 5:21-24
에녹은 하나님과 동행하다가 죽음을 보지 않았다.
1. 하나님과 동행하는 삶
2. 하나님을 기쁘시게 하는 삶
3. 하나님께서 데려가시는 삶

하나님과 동행하는 은혜가 있기를 도전하자.

위선자의 마지막 _ 삼상 26:19
위선자들의 행위에는 끝이 있다는 사실을 명심해야 한다.
1. 쫓겨나게 됨
2. 하나님 앞에서 저주를 받게 됨
3. 결국에는 실패에 이름

하나님께서는 악을 도모하는 자들을 내버려주시지 않으심을 기억하자.

거룩한 직임 _ 대상 23:21-32
레위 자손들은 하나님의 일에 거룩한 직임을 부여받았다.
1. 레위 자손들은 하나님의 전에서 섬기다
2. 레위 자손들은 감사로 찬송하는 일을 섬기다
3. 레위 자손들은 하나님의 법을 따라 섬기다

자신들의 직임을 행함에 있어서 철저하게 하나님의 규례를 따르자.

여호와께 바라는 한 가지 일 _ 시 27:1-4

하나님은 소원에 응답하여 즐거움을 주시는 아버지이시다.

1. 두렵지 않게 하시는 하나님
2. 평생에 여호와의 집에 살면서
3. 은밀한 곳에 나를 숨기시며

나를 은밀한 곳에 숨기시는 하나님을 소망하자.

항상 기뻐하라 _ 살전 5:16

고난을 받음이 우리의 삶이며, 그 고난에서 항상 기뻐해야 한다.

1. 지난 시간의 일들에 대한 감사
2. 현재의 환경에 대한 만족
3. 내일의 기대에 대한 소망

나를 기쁘게 해주실 하나님께 마음을 열자.

내가 줄 상이 내게 있어 _ 계 22:12-15

의를 행하는 자는 천국에, 악을 행하는 자는 지옥에 들어간다.

1. 내가 속히 오리니
2. 자기 두루마기를 빠는 자들은
3. 다 성 밖에 있으리라

주님의 다시 오심을 기다림에 도전하자.

9 감정을 조절하지 못하는 성도

선한 싸움을 싸우는 자에게 _ 삼상 25:28-31

선한 싸움을 하는 자에게 주시는 하나님의 복이 있다.

1. 집을 세워 주시는 하나님, 28절
2. 생명을 보호해 주시는 하나님, 29절
3. 형통케 해 주시는 하나님, 30절

주 안에서 선한 싸움을 다 싸우고 달려갈 길로 다 가기를 다짐하자.

다윗의 성가대 _ 대상 25:1-7

하나님께서 내게 주신 은사로 영광을 돌려드려야 한다.

1. 수금과 비파와 제금을 잡아, 1절
2. 여호와께 감사하며 찬양하며, 3절
3. 부지런히 훈련하여 익숙한 솜씨로 찬양함

우리의 신앙생활이 하나님께 받으실 만하게 되도록 훈련하자.

내가 너를 위하여 어떻게 하랴 _ 왕하 4:2

엘리사 시대에 한 생도 아내의 가정에 큰 믿음의 기적이 일어났다.

1. 하나님께서 하실 것을 믿는 믿음의 기도
2. 없는 것에 있는 것을 보게 된 눈
3. 말씀에 그대로 순종해서 따른 행동

나의 상황을 보지 않고, 하나님의 하심을 기다리자.

의에 주리고 목마르라 _ 마 5:6

하나님은 완전하시므로 우리에게 요구하시는 의는 완전한 의이다.

1. 하나님의 자녀가 되는 조건
2. 하나님의 요구
3. 배부름의 복

하나님의 의를 추구하지 못한 죄도 고백하자.

환난 중에도 _ 고후 1:3-10

인생의 환난 가운데서 좌절하지 않고, 오히려 찬송하는 자가 되자.

1. 하나님의 위로를 경험할 수 있는 기회
2. 고난 받는 이웃의 위로자가 되는 기회
3. 큰 믿음을 가질 수 있는 기회

우리가 감당할 수 없는 좌절에 빠질 때, 주님께서 찾아오심을 믿자.

에베소 교회를 위한 바울의 기도 _ 엡 3:14-19

교회를 중심으로 살아감은 기도로 증거된다.

1. 속사람이 능력으로 강건하기를
2. 예수님이 마음속에 계시도록
3. 사랑 가운데 뿌리가 박히고 터가 굳기를

주님의 사랑을 깨달아 교회를 위하여 기도함에 도전하자.

⑩ 이웃에 대하여 인색한 성도

무고한 생명을 구하라 _ 단 2:14-19
하나님은 그를 믿는 자들의 편이 되어 주신다.
1. 생명을 살리려는 의도
2. 합력하는 기도
3. 하나님의 응답

하나님께서 지켜주심을 끝까지 기다리자.

자기의 일을 살피라 _ 갈 6:1-5
성도는 자신을 살피기 위하여 형제의 잘못을 바로 잡아주어야 한다.
1. 범죄한 형제를 바로 잡아주는 은혜
2. 두려워하는 은혜-자신도 시험을 받을까 두려워해야
3. 짐을 서로 지는 은혜

늘 자신을 살펴서 여호와께 성결 되었는가를 확인하기를 도전하자.

성숙한 교회와 성도 _ 엡 4:11-16
교회와 성도에게 향하시는 하나님의 의도에 주목해야 한다.
1. 하나님께 온전해야
2. 봉사의 일을 해야
3. 그리스도의 몸을 세워야

나를 자녀로 삼으시고, 일꾼이 되게 하시는 하나님께 집중하자.

나의 일과 남의 일을 돌아보라 _ 빌 2:4-8

우리는 여호와 앞에서 자신을 살피고 이웃을 돌보아야 한다.
1. 돌아보는 은혜-자기 자신과 이웃을 살핌
2. 주님의 십자가-십자가 없는 예수님은 우리와 상관이 없음
3. 십자가에서 보여 진 겸손

십자가의 은혜를 통해서 십자가의 진리를 배우기를 도전하자.

진리를 아는 데에 이르기를 _ 딤전 2:1-4

하나님의 소원이라 볼 수 있는 죄인들의 구원을 위해 헌신하자.
1. 간구와 기도와 도고와 감사를
2. 선하고 받으실 만한 것이니
3. 모든 사람이 구원을 받으며

이웃의 영혼의 구원을 소원하는 마음에 도전하자.

이웃을 섬기는 선한 청지기 _ 벧전 4:10-11

성도는 이웃을 향하여 선한 청지기가 되도록 힘써야만 한다.
1. 하나님의 은혜를 맡은 사람
2. 주를 나타내도록 힘쓰는 사람
3. 영광을 하나님께 돌리는 사람

최선을 다해서 이웃에게 배려를 나타내고, 영광을 주께 드려야 한다.

5. 낙심자의 심방

① 주일 성수에 게으른 자

강하고 담대하게 _ 대상 28:20-21

성도는 하나님의 일을 함에 있어서 강하고 담대하게 행해야 한다.
1. 하나님께서 함께 하실 것이기 때문에
2. 협력자들이 도울 것이기 때문에
3. 하나님께서 형통하게 해주실 것이기 때문에

하나님께서 함께 하시면 아무도 역사를 중단할 수 없음을 기억하자.

너는 힘써 대장부가 되고 _ 왕상 2:2-3

하나님은 솔로몬을 통해서 오늘, 우리가 대장부가 되기를 바라신다.
1. 힘써 믿음의 대장부가 되기를 다짐함
2. 말씀에 대하여 대장부가 되기를 다짐함
3. 진실히 행하는 대장부가 되기를 다짐함

마음을 다해서 하나님 앞에 진실히 행하는 대장부가 되자.

임마누엘 하나님 _ 시 46:7-11

하나님은 죄인들을 위하여 세상에 오셔서 우리들과 함께 하신다.

1. 하나님께서 우리와 함께 하심이 복
2. 하나님께서 함께 하신 자들이 복
3. 지금도 우리와 함께 하시는 하나님

매일의 삶에서 임마누엘을 고백하도록 도전하자.

성령이 말씀 듣는 모든 사람에게 _ 행 10:44-48

성령님께 충만하기를 사모하며, 성령님이 오시기를 기다하자.

1. 말세에 성령을 물 붓듯이 부어주시겠다는 약속의 성취
2. 고넬료의 가정에 성령이 임하도록 하심
3. 하나님의 말씀을 들을 때 성령이 임하심

우리에게 성령을 물 붓듯이 부어주시는 하나님께 감사한다.

해를 입은 한 여자가 있는데 _ 계 12:1-6

궁극적 승리는 하나님의 보호를 받는 교회에 있음을 알아야 한다.

1. 참된 교회의 모습
2. 교회의 대적과 붉은 용
3. 교회를 보호하심

영적 투쟁의 믿음을 위하여, 승리하는 믿음을 위하여 기도하자.

② 하나님께의 사랑이 식어진 자

이를 그의 의로 여기시고 _ 창 15:4-6

아브라함은 하늘의 뭇별을 바라봄을 통해서 하나님의 약속을 믿었다.

1. 나의 방패시요 지극히 큰 상급이신 하나님을 바라보자
2. 지금은 없더라도 많이 있게 됨을 바라보자
3. 나를 위하시는 하나님의 약속이 큼을 바라보자

하나님의 말씀을 믿어, 그 믿음을 의로 여기시는 복으로 들어가자.

벧엘로 올라가자 _ 창 35:1-8

우리는 하나님께서 나에게 주신 약속을 기억하고 지내야 한다.

1. 약속의 땅
2. 서원한 땅
3. 하나님이 함께 하신 땅

하나님과의 약속을 잊지 않고 비전을 품고, 살아가기를 결단하자.

생명을 소성케 하는 복음 _ 겔 47:1-12

복음은 생수가 되어 생기를 얻고 영혼을 소성케 한다.

1. 복음이 전 세계에 전파됨
2. 복음이 전파되면 소성함과 열매를 맺음
3. 소성하지 못하는 진펄과 개펄

우리의 영혼이 소성케 되기를 간절히 원하자.

영적 싸움의 승리 _ 마 4:1-11

마귀를 대적하신 예수님의 병법을 배워 마귀를 물리쳐야 한다.

1. 마귀의 침략 통로를 알아야
2. 하나님의 말씀을 지녀야
3. 마귀가 침투하지 못하도록 길을 막아야

마귀가 참소하지 못하도록 늘 성령님께 충만하자.

질그릇에 담긴 보배 _ 고후 4:7-10

성도는 참 보배가 되시는 예수님을 소유해야 한다.

1. 보배의 가치를 알아야
2. 가장 가까이에 있는 보배
3. 왜 예수님이 보배인가?

우리의 생명이 되시는 예수님을 발견하도록 하자.

단위의 불을 담아다가 땅에 쏟으매 _ 계 8:1-13

세상이 어려울수록 우리의 주 되신 예수님을 신실하게 믿어야 한다.

1. 하나님께 올라가는 기도-향기와 합한 기도
2. 처음 네 나팔 재앙, 7-12절
3. 다섯째와 여섯째 나팔 재앙

천사의 탈을 쓰고, 달콤한 말로 미혹하는 마귀의 술수를 막아내자.

③ 교회 출석이 귀찮게 여겨지는 자

시험 당할 즈음에 _ 창 22:15-18

하나님은 우리를 시험하지 않으시므로 시험에는 인내해야 한다.

1. 언제나 갖가지의 희생을 겪기 마련
2. 시험을 감당하기 위한 인내의 고통이 뒤따름
3. 시험에 온전히 승리하면 영광과 존귀의 면류관을 씌워 주심

시험은 고통스럽지만 자기를 다스려 인내하면 상급을 받게 된다.

환난이 임할지라도 _ 삼상 24:4-6

환난이 우리를 아주 고통스럽게 할지라도 이는 잠시 잠깐 지나간다.

1. 복수하지 말아야, 4절
2. 전심으로 회개해야, 5절
3. 주의 명령에 따라야, 6절

환난 중에 있는 성도는 어떻게 행동해야 하는가를 배우자.

솔로몬을 도우라 _ 대상 22:17-19

선한 일을 위하여 동참하는 것은 인간의 본분이며 하나님의 뜻이다.

1. 솔로몬을 도운 이유: 성전 건축은 여호와를 위한 일
2. 도우려 한 방법: 인격을 다하여 동참하도록 함
3. 이스라엘에 하나님이 함께 하시기를 원함

은혜에 감사하면서 전 인격으로 주의 영광 위해 힘쓰기를 다짐하자.

인정받은 믿음 _ 마 8:5-13

성도의 신앙은 하나님께 인정받음이 되어야 한다.

1. 절대 주권을 알고 의지하는 신앙
2. 치유의 은혜가 임하는 것을 아는 신앙
3. 하나님 앞에서 겸손한 신앙

하나님의 말씀에 복종하기를 준비하기 위하여 도전하자.

주님만을 바라보자 _ 마 14:22-33

성도의 힘은 절망 속에서도 위에 계신 예수님을 바라봄에 있다.

1. 믿음의 가능성을 바라봄
2. 성취될 것을 바라봄
3. 하나님의 손을 바라봄

상황이 위태로울지라도 하나님을 바라보도록 도전하자.

하나님의 종들의 이마에 인치기까지 _ 계 7:1-8

성도는 환난 중에도 자신의 정체성을 찾고 복을 함께 나누어야 한다.

1. 하나님의 종들의 이마에 인을 치기 시작하다
2. 성령 받은 사람의 수, 4, 9절
3. 인 맞은 성도의 축복, 15-17절

환난 중에 신앙을 버리지 않고 잘 견딘 성도에게 복을 내려주신다.

④ 가정이 평안하지 않는 자

우리를 찾고자 하는 자는? _ 삼상 23:22-23

마귀는 힘을 다하여 우리를 멸망케 하려 한다.
1. 끝까지 지켜보는 사탄
2. 고발할 기회를 찾는 사탄
3. 속이려고 덤벼드는 사탄

오직 여호와만을 바라 사탄의 공격에서 안전함을 얻기를 소망하자.

준비하는 아버지 _ 대상 22:1-16

하나님 앞에서 준비한 만큼 신앙의 열매를 내게 된다.
1. 성전 건축을 위해 준비하다
2. 솔로몬에게 성전 건축을 위임하다
3. 솔로몬을 훈계하고 격려하다

나의 자녀가 하나님의 뜻과 말씀 가운데 바로 서기를 소망하자.

기적을 일으킨 사랑 _ 막 2:1-12

예수님은 들것에 실려 온 중풍병자를 치료해주셨다.
1. 믿음의 사랑
2. 소망의 사랑
3. 수고의 사랑

나와 함께 하는 사람들에게 사랑을 베풀 준비를 하자.

내게 믿음이 있다면 _ 막 9:14-29

믿음 없는 자가 되지 말고 믿는 자가 되어야 한다.

1. 하나님의 능력을 믿는다면
2. 천국과 지옥이 있음을 믿는다면
3. 하나님의 은혜를 믿는다면

나의 마음과 생각을 아시는 하나님께 정직하기를 도전하자.

우리 가정의 행복은 _ 엡 6:1-4

가정은 천국의 모형으로써 사랑 안에서 유지되어야 한다.

1. 자녀에 대하여 - 노엽게 하지 말라
2. 부부에 대하여 - 사랑과 복종
3. 부모에 대하여 - 순종으로 공경

성경의 가르침에 따르는 가정을 만들 것을 결단하자.

⑤ 번뇌로 머리가 어지러운 자

요구하시는 하나님 _ 신 10:12-22

우리는 자녀로서 마땅히 하나님의 요구에 순종해야 한다.

1. 하나님의 도를 행할 것을 요구하심
2. 하나님만 사랑하기를 요구하심
3. 하나님을 섬길 것을 요구하심

하나님을 위하는 삶이 바로 자신을 위함이라는 것을 깨닫자.

왕을 구한 사람들 _ 삼상 8:4-9

하나님을 멀리하게 됨에도 나타나는 과정이 있다.

1. 하나님의 통치에서 벗어나려 하다
2. 보이는 것만을 생각하다
3. 하나님을 버리고 타락하다

하나님께로부터 떠나지 않도록 자신을 살피고, 주의하자.

주께 나아가야 할 자들 _ 삼상 22:2

다윗으로 예표된 주님께로 무거운 짐진 자들은 나아가야 한다.

1. 환난을 당한 자들
2. 물질의 고통을 받는 자들
3. 마음이 원통한 자들

주님께서 보호해 주실 것이며, 눈물을 닦아 주실 것을 믿고 기다리자.

여름실과 한 광주리 _ 암 8:1-3

하나님께서는 자기의 계획을 이루시려고 때로는 환상을 보이신다.

1. 부패한 현상을 목도하다
2. 종말의 시간을 보다
3. 부정적인 속에서도 소망을 보다

종말의 상황에서도 소망을 바라보는 가슴을 갖자.

자신을 길들이자 _ 약 3:1-12

성도가 이 땅에서 사는 시간은 성민으로서의 훈련이다.

1. 하나님의 자녀로 길들여져야
2. 신앙으로 살기에 길들여져야
3. 교회생활에 길들여져야

천국 백성으로서 자기를 훈련함에 게으르지 말자.

주께서 만물을 지으신지라 _ 계 4:6-11

성도의 본분은 예배하는 삶으로 하나님께 영광을 돌려 드림이다.

1. 요한이 본 하나님의 영광
2. 네 생물의 경배
3. 장로들의 예배

면류관을 하나님께 벗어 던지지 못하고 있지 않은지 회개하자.

6 교회생활에 회의를 보이는 자

믿음에서 약해지면 _ 삼상 21:12-15
마귀는 성도를 미혹하여 불신앙으로 떨어지게 한다.
1. 근심과 걱정을 하게 되다, 12절
2. 거짓말을 하게 되다, 13절
3. 멸시를 받게 되다, 14-15절

무시로 성령 안에서 기도함으로써 영적으로 무장하기를 다짐하자.

겨자씨와도 같은 믿음 _ 마 17:14-20
성도의 모습은 겨자씨와 같지만 하나님께서 크게 하신다.
1. 큰 역사를 일으키는 믿음
2. 씨앗처럼 생명력 있는 믿음
3. 씨앗처럼 자라나는 믿음

하나님 앞에서 온전함에 이르기까지 자라가기를 사모하자.

큰 기쁨이 있더라 _ 행 8:4-8
복음은 우리에게 주신 하나님의 기쁨이다.
1. 복음의 전도로 기쁨
2. 귀신이 쫓겨 감으로 큰 기쁨
3. 중병자들이 고침 받음으로 큰 기쁨

복음을 통해서 기쁨을 누리기를 사모하자.

지금이 은혜를 받을 때 _ 고후 6:1-2

성도에게 주어지는 상황은 하나님께 기회이다.

1. 지금이 바로 하나님 앞에서 기회
2. 가장 어려울 때가 기회
3. 하나님께서 요구하실 때가 기회

시시각각으로 닥쳐오는 상황을 하나님 앞에서 받아들이자.

고난을 헛되지 않게 _ 갈 2:20-21

예수님께서 십자가를 지신 고난의 의미를 늘 새기도록 한다.

1. 많은 사람들이 구원을 받아야
2. 많은 사람들이 은혜를 받아야
3. 많은 사람들에게 주님의 사랑을 실천해야

십자가에 들어있는 정신으로 살아가기를 도전하자.

너 보는 것을 책에 써서 _ 계 2:1-7

말씀을 받아야 할 우리 교회의 모습을 살펴 돌아보아야 한다.

1. 칭찬만 있는 교회(2:8-11, 3:7-13)
2. 책망만 있는 교회(3:1-6, 14-22)
3. 칭찬과 책망이 함께 있는 교회

우리는 성경적인 신앙을 가지고 모자란 것을 바로 하기를 다짐하자.

7 유혹에 넘어가 스스로 낙심된 자

엘리 아들들의 불신앙 _ 삼상 2:12-17
우리는 자녀들에게 먼저 올바른 신앙을 세워주도록 힘써야 한다.
1. 여호와 앞에서 불량자
2. 여호와를 알지 못한 자
3. 여호와의 제사를 멸시한 자

우리의 자녀들이 의의 용사로 세워지도록 기도하자.

눈을 들어 위를 보자 _ 합 3:16-19
내 앞에서 벌어지는 상황보다 그 위에 계신 하나님을 보아야 한다.
1. 환난의 뒤에 계신 하나님
2. 하나님의 은혜 안에서 비전을 가짐
3. 하나님의 약속이 성취되는 것을 바라봄

하나님의 말씀(언약)에서 소망의 근거를 찾도록 하자.

무엇을 보아야 하겠는가? _ 막 8:22-26
성도에게는 영안이 있어 신령한 세계를 바라볼 수 있어야 한다.
1. 만물 속에 감추어져 있는 것들을 바라봄
2. 비전을 바라보는 눈
3. 말씀이 성취된 것을 바라봄

영원한 것을 바라볼 수 있는 눈을 갖도록 사모하자.

하늘을 우러러보신 예수님 _ 요 17:19-21

성도에게는 신앙의 내적 증거가 있어야 흔들림이 없다.

1. 하나님을 아버지로 신뢰하시는 증거
2. 하나님의 사랑을 받음을 확신하는 증거
3. 하나님의 도우심을 확신하는 증거

하나님께서 나의 아버지되심을 확신하는 신앙에 이르자.

천사의 얼굴 _ 행 6:8-15

성도에게는 자신의 신앙상태를 보여주는 얼굴이 있다.

1. 은혜와 권능이 충만한 얼굴
2. 소망으로 환희에 찬 얼굴
3. 사랑으로 충만한 얼굴

나의 얼굴로 표현되는 신앙을 갖도록 기도하자.

나는 알파와 오메가라 _ 계 1:1-8

성도는 성경을 늘 가까이 하여 읽고 듣고 지키도록 해야 한다.

1. 예수 그리스도의 계시
2. 축복의 계시, 3절
3. 은혜와 평강을 선포하시는 주님

신랑 되신 예수님께서 요한을 통하여 신부 된 성도들에게 보내주셨다.

8 기도하지 않는 자

한나의 간절한 기도 _ 삼상 1:11

한 맺힌 사연을 하소연하는 한나의 기도를 통해, 간절함을 배우자.

1. 돌아보시는 하나님
2. 생각해 주시는 하나님
3. 잊지 않으시는 하나님

여호와 하나님의 사랑을 얻기 위해 끈질기게 기도하기를 다짐하자.

나의 도움이 어디서 올꼬 _ 시 121:1-8

성도는 오직 하나님을 도움의 근거로 삼고 의지해야 한다.

1. 도움의 근원-천지를 지으신 여호와
2. 도움의 내용-실족하지 않게 하심
3. 도움에 대한 보장-영원까지 지켜주심

나를 도와주실 준비를 마치신 하나님을 의지하자.

복이 있는 사람 _ 시 128:1-6

우리가 목표해야 할 모습은 하나님의 나라에 속한 그리스도인이다.

1. 여호와를 경외하라
2. 복되고 형통하리라는 약속
3. 시온에서부터 흘러내려오는 복

사랑하는 하나님이시기에 그의 말씀을 즐겁게 여기고 순종하자.

여호와를 찬양할지어다 _ 시 150:1-6

자신이 처한 모든 자리에서 끊임없이 하나님을 찬양하는 성도가 되자.

1. 하나님을 찬양하는 범위, 1절
2. 그의 능하신 행동을 인하여 찬양
3. 신자는 마땅히 찬양을 해야, 6절

하나님을 찬양하는 자는 죽은 자가 아니고 살아있는 자들이다.

구원에 이르게 해주는 십자가 _ 눅 23:32-49

주님의 십자가는 성도에게 주시는 하나님의 말씀이다.

1. 죄를 용서하셨다는 메시지
2. 죄인의 구원을 준비하셨다는 메시지
3. 하나님과 화목을 이루셨다는 메시지

오늘, 십자가를 통해서 하나님께로 나아가자.

날로 새로워지는 믿음 _ 고후 4:16-18

하나님의 자녀로서 우리가 이 땅에서 구해야 할 기도가 있다.

1. 영원한 것에 소망을 두겠다는 간구
2. 속사람에게 가치를 두고 살겠다는 간구
3. 속사람에 충실해지겠다는 간구

행실을 통해서 하나님의 사람으로 살아가기를 도전하자.

9 연단을 이기지 못하는 자

책망을 받은 사람들 _ 삿 10:10-13
우리는 아침마다 하나님의 은혜를 새롭게 해야 한다.
1. 구원의 감격 상실
2. 하나님의 응답 상실
3. 헛된 우상을 섬김

구원은 오직 하나님께만 있음에 감사하도록 하자.

이스라엘에 계신 하나님 _ 왕하 1:1-8
하나님만 섬겨야 생명의 복을 얻고, 땅에서도 흥하는 복을 받는다.
1. 신을 찾는 마음
2. 우상을 섬기지 말라
3. 하나님이시다!

하나님을 바로 믿게 하셨음에 감격하기를 결단하자.

주의 귀를 기울이사 _ 시편 137:1-9
하나님만을 의지하는 신앙과 성도로서 올바른 삶을 살아야 한다.
1. 비하(깊고 낮아짐)의 노래, 1절
2. 신앙의 고지에 오른 노래, 5-6절
3. 미래를 바라보는 노래, 7-9절

하나님의 요구대로 구별한 생활을 하지 않으면 화가 있음을 깨닫자.

고난, 버려두지 아니하심 _ 요 14:18

우리가 어떤 경우에 처해있더라도 주님께서 함께 계신다.

　1. 우리를 위하여 먼저 고난을 받으신 주님

　2. 보혜사 성령을 보내주신 주님

　3. 다시 만남에 대한 소망을 주신 주님

주님은 우리의 위로자가 되시고, 환난 가운데서도 소망이 되신다.

다 이루신 예수님 _ 요 19:28-30

주님의 생애는 죄인의 구원을 완성하시는 것이 되셨다.

　1. 구약에서의 언약을 성취하셨다는 의미

　2. 죄인의 구속을 성취하셨다는 의미

　3. 하나님의 뜻이 성취되었다는 의미

나의 고난도 하나님께서 담당하실 것을 믿자.

보혈의 능력 _ 히 9:11-14

주님의 보혈은 성령님을 통해서 성도에게 능력이 된다.

　1. 속죄를 이루는 능력

　2. 흑암의 세력을 이기게 해주시는 능력

　3. 연약함을 치료해주시는 능력

연단을 이기게 하시는 보혈의 공로를 찬양하자.

6. 구원을 부인하는 경우의 심방

① 천국을 부정하는 자

주는 지극히 선하시므로 _ 스 3:10-13
우리를 자기 백성으로 삼으신 하나님께 감사드려야 한다.
1. 은혜를 기다림
2. 하나님을 고백함
3. 여호와를 찬송함

여호와를 높여드리는 찬송을 하자.

내 영혼이 주를 더 기다리나니 _ 시 130:1-8
여호와의 인자하심과 구속의 은총만을 기다리고 간구해야 한다.
1. 인생 자체에게는 소망이 없음
2. 소망이 없는 인생을 사죄하시는 목적, 4절
3. 여호와를 기다림, 5-8절

인생은 하나님을 기다림에서만 소망을 얻음을 확인하자.

모든 일들을 행하시는 여호와 _ 사 45:5-7

하나님은 역사의 배후에서 사람을 선택하여 일을 하신다.

1. 일을 하시는 하나님
2. 하나님께 쓰임을 받은 고레스
3. 나를 사용하시려는 하나님

주님의 크신 능력의 손에 온전히 쓰임받기를 사모하자.

속량하시는 하나님의 은혜 _ 미 4:8-13

죄를 깨닫고, 여호와께로 돌아오면 다시 일으켜 주심을 약속하셨다.

1. 민족적인 죄악
2. 죄로 말미암은 고통
3. 하나님의 소망

하나님께서 우리를 구원해 주셨으니 하늘에 소망을 두기로 하자.

양으로 생명을 얻게 하고 _ 요 10:7-10

예수님의 세상에 오심으로 우리에게 구원의 길이 열렸다.

1. 생명을 지으신 하나님
2. 생명을 섭리하시는 하나님
3. 생명을 구원하시는 하나님

예수님 안에서 생명의 풍성함을 누리게 하셨음에 감사하자.

② 예수님 외에도 구원이 있다고 생각하는 자

당대에 완전한 자라 _ 창 6:5-11

하나님의 은혜가 노아에게 죄악을 거스르고, 의로운 자가 되게 하였다.

1. 여호와께 은혜를 입었더라
2. 의인이요 당대에 완전한 자라
3. 너를 위하여 방주를 만들되

나를 구원하시려 해주신 하나님의 계획에 감사하자.

여호와의 인자하심 _ 시 107:1-9

인간의 생사화복을 주관하시는 하나님을 찬양하는 삶을 살아야 한다.

1. 근심 중에 여호와께 부르짖음, 6절
2. 네 가지 위험(고난) 및 인생의 호소와 하나님의 구원
3. 감사와 찬송의 노래, 9절

철저하게 비참한 상태에서 하나님의 구원을 체험하였음을 감사하자.

하늘의 문을 여는 은혜 _ 말 3:10-12

천국에 들어가도록 하는 권세는 예수님에게만 있다.

1. 천국으로 들어가는 은혜
2. 문제의 해결을 보는 은혜
3. 만사형통을 누리는 은혜

나를 향하시는 여호와의 복을 누리는 삶에 도전하자.

십자가에서 보여주신 것은 _ 고전 1:18-24

갈보리 산의 십자가는 예수님께서 구원의 주이심을 증거해 준다.

1. 죄인의 대속을 이루셨다는 선포
2. 믿는 자에게 구원을 보장해 주는 증표
3. 믿는 자들에게 승리를 약속해주는 표시

십자가를 통해서 이루어진 나의 구원에 감사하자.

예수님의 부활로 증거되는 것 _ 고전 15:55-58

주님의 부활은 우리의 구원을 위해서 증거하는 것이 있다.

1. 예수님의 말씀이 진리라는 것을 증거함
2. 믿는 자들이 주님과 관계를 맺는다는 사실을 보증함
3. 죄인들에게 소망이 보증되었다는 것을 확약함

우리의 신앙이 역사적이라는 것을 받아들이자.

하늘에 있는 우리의 시민권 _ 빌 3:17-21

성도는 믿음의 달음질을 잘 하며 경건하고 의롭게 살아가야 한다.

1. 믿음으로 경주하는 삶
2. 우리에게 보장된 천국의 시민권
3. 영원한 하나님의 나라

눈에 보이지 않는 영원한 나라를 바라보며 살겠다고 도전하자.

③ 종교는 다 똑같다고 주장하는 자

여호와의 명령을 따라 _ 민 9:15-23

하나님의 백성들에게는 안내자가 계신데 바로 하나님 자신이시다.

1. 하나님의 인도
2. 구름의 인도
3. 인도하시는 하나님

오늘, 나를 인도하시는 하나님을 묵상하자.

보리떡 한 덩어리가 _ 삿 7:1-15

성도의 생활에서 하나님께서 원하시는 것은 하나님을 고백함이다.

1. 인간의 교만을 염려하시는 하나님, 2절
2. 하나님께 거스를까 침묵하시는 하나님
3. 비전을 보여주시는 하나님, 13절

하나님께서 행하시는 일로 찬송을 부르는 삶을 살기를 다짐하자.

기뻐하고 즐거워하라 _ 습 3:14-20

우리를 향하신 하나님의 사랑은 아비가 자식을 사랑함과 같다.

1. 형벌이 면해지고, 원수가 쫓겨남
2. 하나님의 기쁨
3. 칭찬과 명성

여호와 앞에서 기쁨이 되기를 도전하자.

천국 백성을 위로하시는 하나님 _ 고후 1:3-7

성도에게 환난이 있으나 하나님의 자녀로서의 위로도 있다.

1. 모든 위로의 하나님
2. 환란 중에서의 위로
3. 위로를 보게 하시는 은혜

모든 고난 중에서 하나님의 위로를 보는 복을 누림을 소망하자.

그리스도의 사랑이 우리를 _ 고후 5:11-15

죄인을 구원하시려는 주님의 사랑이 복음을 전하게 하신다.

1. 주의 두려우심을 알므로
2. 우리를 강권하시도다
3. 다시 살아나신 이를 위하여

하나님의 영광을 위하여 의롭게 살기를 도전하자.

거짓 교훈을 주의하라 _ 골 2:8-12

예언의 말씀에 덜하지도 말고, 더하지도 말라고 하였다.

1. 사람의 유전
2. 초등 학문
3. 예수님에 대한 부인

하늘에 속한 사람으로 천국에 소망을 두자.

4 현세의 생활에 가치를 더 두는 자

드보라와 바락의 노래 _ 삿 5:1-9

하나님의 은혜에 대한 인간의 응답은 하나님께 찬송을 드림이다.

1. 지도자를 따라 백성들이 종군해서, 1절
2. 하나님의 도우심이 한결같아서, 4절
3. 백성들로 즐거이 헌신케 하셨기에, 9절

구원의 은총을 깨닫고 감사하는 마음에서 늘 찬송하기를 즐거워하자.

굳게 결심함을 보고 _ 룻 1:15-18

하나님 앞에서 하나님께 대한 신앙을 굳게 결심해야 한다.

1. 모압 지방에 가서 거류하였는데
2. 너희 어머니의 집으로 돌아가라
3. 어머니께서 가시는 곳에 나도 가고

여호와 하나님께 대한 신앙을 확실히 지니도록 결단하자.

지혜를 구하라 _ 왕상 4:29-34

하나님의 지혜로 살아가는 은혜가 풍성하기를 구해야 한다.

1. 지혜를 주시는 은혜
2. 명성을 얻게 하시는 은혜
3. 적용하게 하시는 은혜

하나님의 은혜를 기다리는 열린 심령이 되자.

너의 인생의 길을 여호와께 _ 시 37:3-6

자신의 모든 길을 여호와께 맡기고 다만 그를 신뢰해야 한다.

1. 하나님을 의지하라
2. 악인을 심판하시는 하나님
3. 만천하에 드러나는 의인의 삶

하나님께 자신의 길을 맡기고, 그 안에서 확신을 갖도록 도전하라.

우리, 가난한 심령이어라 _ 마 5:1-3

세상에 대하여 가난할 때, 그의 마음이 예수님으로 가득 차게 된다.

1. 심령의 가난
2. 가난을 원함
3. 천국의 주인

자기를 비워 하늘을 담음에 결단하자.

의롭게 되지 못할 것이 분명하니 _ 갈 3:9-14

성령님께 충만해질 때, 권능을 받고 복음의 증인이 된다.

1. 믿음으로 말미암은 자는
2. 무릇 율법 행위에 속한 자들은
3. 의인은 믿음으로 살리라 하였음이라

자의적인 노력으로 하나님의 자녀의 삶을 살 수 없음을 고백하자.

⑤ 성경을 못 믿겠다고 하는 자

하나님께서 요구하시는 것 _ 신 10:20-22

나를 자녀로 삼으셨으니, 하나님을 공경하며, 말씀에 순종해야 한다.

1. 하나님을 경외하여 도를 행하라
2. 하나님을 사랑하라
3. 하나님을 섬기라

우리가 하나님을 섬김으로써 나를 지키도록 기도하자.

여호와께 부르짖으매 _ 삿 3:7-11

성경을 읽고, 죄를 회개하여 부르짖으면 기도에 응답하신다.

1. 구원자를 보내주시다
2. 성령께서 함께 하시다
3. 평안을 주시다

하나님께서 떠나신 것을 무서워말고, 하나님을 잊음을 두려워하자.

율법의 말씀을 듣고 _ 느 8:8-12

하나님의 말씀은 자신과 자신의 행실에 대한 깨달음을 준다.

1. 하나님이 말씀에 울다
2. 여호와로 인하여 기뻐하다
3. 말씀을 밝히 알다

성경을 가까이 하여 하나님의 음성에 귀를 기울이자.

늘 애통함으로 살아라 _ 마 5:4

예수님의 공생애의 중심에는 애통함이 배어 있었다.

1. 예수님의 애통
2. 애통하는 심령
3. 하나님의 위로

애통으로 살아가는 한 날이기를 묵상하자.

성경에서 영생을 얻음 _ 요 5:36-40

하나님께서는 교회에 주신 성경을 통해서 생명에 이르게 하신다.

1. 예수님이 그리스도이심을 증거하는 성경
2. 구원에 이르게 해주는 하나님의 약속
3. 죄에 대하여, 의에 대하여 가르쳐 줌

성경을 나침반 삼아 하나님 앞에서 살아가기를 결단하자.

구원에 이르는 지혜 _ 딤후 3:15-17

성경은 성도에게 이 땅에서 천국에 이르도록 해주는 안내서이다.

1. 믿음에서 믿음으로 이르게 함
2. 하나님의 사람으로 온전하게 해줌
3. 선한 일을 행할 능력을 갖추게 함

오직 성경 말씀으로 온전함에 이르기를 사모하자.

⑥ 교회의 전통을 무시하려는 자

악을 행하였으므로_ 삿 6:1-6

죄는 인간을 언제나 망하게 하며 고통과 괴로움을 더하게 한다.

1. 적에게 패하게 됨, 1절
2. 국력이 약해짐, 6절
3. 하나님의 도우심으로 회복됨, 12-16절

죄를 멀리하여 하나님의 도우심에 대한 보장을 갖도록 기도하자.

여호와 앞에 무릎을 꿇자_ 시 95:6-11

하나님의 자녀로 살아간다는 것은 여호와께 무릎을 꿇는 것이다.

1. 우리를 지으신 여호와 앞에 무릎을 꿇자
2. 우리가 그의 기르시는 백성이며
3. 오늘 그의 음성을 듣거든

하나님의 말씀을 가까이 하며, 그 말씀을 듣기를 즐거워하자.

너의 소유주를 확인하라_ 마 22:15-22

참 주인을 잊을 때, 우리는 가진 것들로 말미암아 불행에 빠진다.

1. 네 인생의 소유주가 누구냐?
2. 너의 소유물의 소유주가 누구냐
3. 맡겨져 있는 순간에 성실하라

천국의 백성으로서 하나님께 대한 의무도 이행하도록 기도하자.

자기 피로 사신 교회를 _ 행 20:25-35

하나님의 나라는 하나님의 통치를 가리키는 말이다.

1. 하나님의 나라를 전파하였으나
2. 자기 피로 사신 교회를 보살피게
3. 밤낮 쉬지 않고 눈물로-평생 겸손과 눈물

무엇을 얻으려고 동분서주하고 있는가를 스스로에게 묻자.

선지자들을 본으로 삼으라 _ 약 5:1-11

나에게 임하는 하나님의 은혜는 나의 정체성을 깨닫도록 해준다.

1. 배려의 은혜
2. 신분의 은혜
3. 참음의 은혜

먼저 믿은 자들을 본 삼아 자신에게 도전하자.

선한 것을 본받으라 _ 요삼 1:5-12

여호와 앞에서 우리가 취해야 할 삶의 태도에 늘 유의해야 한다.

1. 으뜸 되기를 좋아한 디오드레베
2. 전도자들을 비방한 디오드레베
3. 진리에게 증거를 받은 데메드리오

겸손으로 하나님의 영광을 구하겠다는 생각으로 살자

7 교리를 거절하려는 자

거룩한 땅이니 신을 벗으라 _ 출 3:1-5
살아온 삶의 습관을 버리고, 여호와의 인도하심을 받아야 한다.
1. 하나님의 음성
2. 보내심을 받음
3. 임마누엘의 약속

오늘, 한 날이 여호와의 인도하심을 받기에 도전하자.

악행-회개-하나님의 역사 _ 삿 4:1-5
하나님은 죄를 회개하면 용서해 주시고, 은혜를 베풀어 주신다.
1. 죄를 지으면 징계하시는 하나님, 2절
2. 죄의 값을 지불─심한 괴로움을 당함, 3절
3. 죄에서 돌이켜 회개하면 구원해 주심, 4절

회개하기를 가까이 하고, 죄를 멀리하는 습관을 갖도록 기도하자.

어디에 소망을 둘 것인가? _ 시 42:1-5
여호와의 은혜로 살아가기 위해서 하나님을 찾기에 갈급해야 한다.
1. 주를 찾기에 갈급하라
2. 하나님의 얼굴을 그리워하라
3. 낙심과 불안을 버려라

자신의 상황을 보기를 거절하고, 여호와께서 도우시는 것을 기도하자.

내게 주신 모든 은혜 _ 시 116:3-14

하나님은 언제나 자기 백성의 음성과 간구를 들어주신다.

1. 임마누엘의 복-하나님이 함께 하심
2. 여호와 이레의 복-하나님께서 준비해 주심
3. 에벤에셀의 복-하나님께서 여기까지 도우심

언제나 도우시는 하나님을 오늘도 기다리자.

작은 소리로 읊조리며 _ 시 119:14-16

하나님의 말씀을 모든 재물을 기뻐하는 것처럼 귀중히 여겨야 한다.

1. 즐거워하였나이다-하나님의 말씀은 비교할 수 없는 즐거움
2. 작은 소리로 읊조리며-주의 법도를 묵상함
3. 잊지 아니하리이다-하나님의 말씀은 쉽게 잊혀짐

하나님의 말씀을 즐거워하기 위해서 간구하자.

마음을 청결케 하라 _ 마 5:8

우리의 마음에 끊임없이 하나님의 빛을 비치어 주신다.

1. 하나님의 다스림
2. 어둠을 몰아냄
3. 하나님에의 사랑

우리의 마음을 성령님께서 지배하시도록 내어드리자.

8 교회의 권위와 질서를 무시하려는 자

여호와를 버리면? _ 삿 2:6-15

하나님께서 미워하시는 일을 하면 하나님이 떠나신다.

1. 여호와를 알지 못한 사람들
2. 여호와를 버린 사람들
3. 여호와를 진노하게 한 사람들

오늘, 여호와를 인정해드리고, 하나님께서 함께 하심을 기다리자.

성소에서의 기도 _ 왕상 8:39-45

하나님은 기근 중에도, 재앙 중에도 살게 하신다.

1. 하나님을 대면하는 곳
2. 기도를 드리는 곳
3. 복을 주시는 은혜

나의 문제를 해결해주실 하나님을 바라보자.

시온에서 주를 기다리는 찬송 _ 시 65:1-5

하나님은 찬송으로 살게 하시며, 하나님의 영광을 노래하게 하신다.

1. 찬송의 은혜
2. 기도의 은혜
3. 사유하심의 은혜

입술을 벌려 하나님의 은혜를 찬송하도록 결단하자.

내 영혼아 여호와를 찬양하라 _ 시 146:1-5

인생의 본분은 하나님을 하나님으로 찬양함에 있다.

1. 여호와를 찬양하라
2. 인생을 의지하지 말라
3. 하나님께 소망을 두라

하나님의 영광을 찬양하라고 지어진 존재라는 것을 늘 기억하자.

우리를 구속하신 예수님 _ 골 1:13-22

하나님의 은혜는 예수님 통하여 구원하심으로 나타났다.

1. 구속의 은혜
2. 보이지 않으시는 하나님
3. 성도의 근본

오늘. 스스로에게 물어보자: 예수님은 나에게 누구이신가?

강퍅케 됨을 면하라 _ 히 3:12-19

성도는 자기 행실이 혹시 죄가 되었을까 하여 고민이 있어야 한다.

1. 삼가는 은혜 - "형제들아 너희는 삼가"
2. 권면하는 은혜 - "매일 피차 권면하여"
3. 끝까지 견디는 은혜 - "확신한 것을 끝까지 견고히 잡고 있으면"

말에나 행동에 있어서 자기를 먼저 살핌에 도전하자.

⑨ 성도의 행실을 비판하는 자

우리 가운데 누가 먼저_ 삿 1:1-7
성도에게는 이 세상에서 살아가는 동안에 승리하는 공식이 있다.
1. 먼저, 하나님께 여쭈어 물어보아야
2. 하나님의 응답을 받아야
3. 즉시, 실행에 옮기되 지체가 서로 협력해야

먼저, 기도하고 하나님의 응답을 기다리는 체질이 되기를 다짐하자.

하나님 앞에서 거절해야 할 것_ 시 1:1-6
우리를 하나님의 자녀로 삼아주심은 악인으로 살지 않게 하심이다
1. 악인의 꾀-육신적인 생각으로 도모하는 행동
2. 죄인의 길-하나님의 뜻을 거절하고 유익을 구함
3. 오만한 자의 자리-자신을 하나님의 자리에 두려는 행동

하나님의 자녀로서 우리에게 요구되는 것은 절대 겸손임을 잊지 말자.

공의와 겸손을 구하라_ 습 2:1-3
우리를 위로하시는 은혜는 공의와 겸손을 구하는 삶이다.
1. 회개를 권고하시는 하나님-회개의 은혜를 구함
2. 여호와를 찾음-그의 규례를 지키려 함
3. 숨겨주시는 은혜-겸손하면 징벌에서 구해주심

여호와 앞에서 공의를 구하고 겸손으로 삼기를 도전하자.

언제나 온유하라 _ 마 5:5

우리의 온유는 사람들에게 나타나기 전에, 하나님께 보여 져야 한다.

1. 예수님의 온유
2. 부족을 아는 사람
3. 죄에 대한 두려움

하나님을 향한 신뢰에서 이웃에게 온유함을 나타내도록 도전하자.

복음의 일꾼 _ 골 1:23

죄인들을 구원하시기 위한 예수님의 사랑은 전해져야 한다.

1. 바울의 고백
2. 천하를 품은 바울
3. 바울의 소원

하나님의 자녀 된 삶에 대한 소원을 품음에 도전하자.

사람을 변화시키는 복음 _ 몬 1:11-16

복음은 미움 받던 사람을 사랑 받는 형제로 변화시키신다.

1. 무익함에서 유익함으로
2. 영광스러운 변화
3. 계속되는 변화의 기적

나의 인격이 복음으로 변화되기를 소망하자.

7. 신급에 관련한 권면 심방

1 등록 - 새신자

너는 복이 될지라 _ 창 12:1-4
우리를 자녀로 선택해 주시고, 복을 주시는 하나님이시다.
1. 이르시되-하나님께서 그에게 요구하심
2. 내가 너로-우리에게도 복이 되시는 하나님
3. 너로 말미암아-복과 저주를 받음

주님을 떠나지 말고 그 안에서 살아가기를 도전하자.

떨기나무에 핀 불꽃 _ 출 3:3-10
하나님은 성도의 삶을 지켜보시고, 때를 따라 돕는 은혜를 주신다.
1. 인간의 고통을 보시는 하나님
2. 인간의 부르짖음을 들으시는 하나님
3. 고통 중에서 건져주시는 하나님

어떤 상황에서도 낙심하지 말고 기도하기를 다짐하자.

처음보다 나중을 _ 삿 8:22-31

성도는 하나님 앞에서 처음의 은혜를 유지해야 한다.

1. 여호와께서 너희를 다스리시리라, 23절
2. 그 금으로 에봇 하나를 만들어서, 27절
3. 기드온이 아내가 많으므로, 31절

처음에 시작된 은혜를 끝까지 간직하려는 삶을 도전하자.

하나님을 경외하라 _ 잠 3:5-6

성도는 그 믿음의 증거로 그의 삶에서 하나님을 항상 인정한다.

1. 마음을 다하여 여호와를 의뢰하라
2. 자신을 의지하기를 거절하라
3. 모든 시간에 하나님을 인정하라

하나님의 보호와 간섭하심을 소망하기를 결단하자.

유익하게 하는 고난 _ 롬 8:26-30

성도에게 복음이 없는 생활, 생활이 없는 복음은 옳지 않다.

1. 복음으로 살라
2. 잠시의 고난
3. 고난의 은혜

고난을 통해서 나를 하나님의 사람으로 만드심을 기다리자.

② 등록-타 교회 전입자

그 땅을 우리에게 주시리라 _ 민 14:6-10
피조물인 우리는 창조주이신 하나님을 신뢰해야 한다.
1. 하나님의 약속을 믿음
2. 약속의 말씀에 충실
3. 하나님께의 순종

하나님의 말씀에 대한 반응으로 믿고, 순종하여 지키기로 다짐하자.

벧엘에 이르러 울며 _ 삿 20:26-35
회개는 하나님의 손을 움직이는 은혜라는 것을 기억해야 한다.
1. 하나님 앞에서 먼저 회개함, 26절
2. 하나님의 확답을 받음, 28절
3. 치밀한 작전 계획을 세움, 29절

나의 인생길에 오직 하나님께서 함께 해주시기를 소망하자.

이름을 위대하게 _ 삼하 7:4-9
하나님을 사랑하는 자들에게 은혜를 더욱 베풀어 주신다.
1. 함께 하시는 하나님
2. 대적을 멸해주시는 하나님
3. 나라를 평안케 하시는 하나님

나의 마음과 생각에 하나님의 함께 하심을 소원하자.

천국에서의 주인_ 마 19:13-15

우리는 늘 어린이를 배워서 자신을 구비시켜야 한다.

1. 어린이는 마음이 청결함
2. 어린이에게는 거짓이 없는 믿음이 있음
3. 어린이는 겸손함

겸손한 자를 찾으시는 하나님 앞에 서도록 다짐하자.

오로지 기도에 힘쓰더라_ 행 1:12-14

예수님께서 승천하시기 전에, 제자들에게 기도할 것을 부탁하셨다.

1. 더불어-합심의 기도
2. 마음을 같이-일심의 기도
3. 오로지-전심의 기도

우리 가족에게도 예비하신 오순절의 은혜를 기다리자.

위의 것을 찾으라_ 골 3:1-4

우리가 위를 생각할 때, 하나님의 은혜가 뜨겁게 나타난다.

1. 하늘에 있는 신분
2. 위의 것을 생각하라
3. 위로부터 오시는 예수님

늘 천국을 소망하면서 지내야함을 도전하자.

3 세례

이웃을 위해 사는 삶 _ 삼상 19:2-7

이웃을 위한 사랑의 삶이 어떤 것인가에 대해 생각해 보아야 한다.

1. 피할 길을 열어 주는 것
2. 억울한 자를 돌보아 주는 것
3. 주께로 인도하는 것

지극히 작은 자를 돌보고, 주께로 인도하기를 다짐하자.

주의 인자하심이 _ 시 90:12-17

새로운 소원, 결단을 다짐하면서 지혜를 구해야 한다.

1. 지혜로운 시작
2. 기대하는 시작
3. 믿음으로의 시작

하나님을 의지하고 큰 꿈을 이루어주심을 기대하자.

바울 사도의 권면 _ 롬 12:1-2

성도는 이 세상에 속해 있지만 하나님의 뜻을 분별해야 한다.

1. 이 세대를 본받지 말아야
2. 마음에 변화를 받아야
3. 하나님의 뜻을 잘 분별해야 합니다.

거룩하지 못하며, 악하고 추한 죄악 된 세상의 습관을 거절하자.

성도의 비전 _ 골 1:9-12

우리가 당하는 모든 일에는 다 하나님의 뜻이 있다.
1. 영적인 성장-하나님의 뜻을 아는 것에
2. 선한 행실의 열매-하나님께서 받으실 만한
3. 오래 참음의 은혜-구원을 얻은 기쁨으로 견딤

선한 행실을 바라는 삶에 도전하자.

정결하고 더러움이 없는 경건 _ 약 1:19-27

성도는 경건한 믿음을 견지하면서 성숙해 나가야 한다.
1. 마음을 잘 다스려라
2. 행하는 자가 되어야
3. 율법을 들여다보아야

세속에 물들지 않으면서 마음을 말씀으로 다스리기를 결단하자.

적은 능력으로 _ 계 3:7-13

주님의 이름을 배반하지 않고, 인내하여 복을 받아야 한다.
1. 문이 열리는 복
2. 원수의 목전에서 상을 베풀어 주시는 복
3. 시험의 때를 면하는 복

적은 능력으로 인내하고 승리하여 복을 받고자 다짐하자.

④ 교회 직분 임명

벧세메스로 가는 두 암소 _ 삼상 6:12

우리는 나의 몸을 하나님께 제물로 드리는 영광을 받았다.

1. 사명자로 부름을 받은 영광
2. 하나님께서 예정해 놓으신 길
3. 고난의 길이며, 하나님께 드려지는 길

사명자의 가는 길은 이 세상에서 가장 존귀한 삶이다.

주의 종에게 허락하시고 _ 대상 17:25-27

우리가 기도함으로써 아버지와 자녀의 관계를 누리기 원하신다.

1. 기도의 은혜를 감사하라
2. 약속의 은혜를 감사하라
3. 누림의 은혜를 감사하라

내게 베풀어 주신 복을 감사하면서 누리도록 하자.

그 인자하심이 영원함 _ 시 136:23-26

우리는 하나님의 인자하심에 감사드려야 한다.

1. 비천한 가운데에서도 기억해 주신 이에게
2. 우리를 대적에게서 건지신 이에게
3. 모든 육체에게 식물을 주신 이에게

때마다 넉넉하게 채워주셨음에 감사드리자.

우리와 다르신 하나님 _ 사 55:6-9

하나님은 사람과 다르시므로 그분에게로 돌아가면 소망을 얻는다.

1. 생각이 다르시다.
2. 보시는 안목이 다르시다.
3. 듣는 귀가 다르시다.

하나님의 생각에 순종하고 하나님의 말씀대로 살아갈 것을 결단하자.

거룩하고 흠이 없는 사람 _ 행 5:34-38

성도는 하나님께와 사람들 앞에서 흠이 없도록 해야 한다.

1. 하나님 중심의 사람
2. 여호와께 경건한 사람
3. 흠이 없는 사람

가말리엘의 삶을 통해서 나를 준비하는 시간을 갖도록 하자.

내게 능력 주시는 자 안에서 _ 빌 4:13

하나님은 일을 행하시고, 지어 성취하시고 계신다.

1. 비전을 주시는 하나님, 빌 1:6
2. 생각을 갖도록 하시는 하나님, 수 18:6
3. 믿고, 전심으로 구하게 하시는 하나님, 대하 16:9

하나님은 지금, 우리가 모든 것을 할 수 있는 권능을 부어주신다.

5 권찰

네 자손이 번성하게 하리라 _ 창 26:23-29
하나님께서는 인생에게 말씀과 복의 약속으로 찾아오신다.
1. 순종하는 자
2. 온유한 자
3. 하나님이 함께 하시는 자

여호와 앞에서 복 받는 자가 되기를 소망하자.

성도의 우정 _ 삼상 18:1-4
다윗과 요나단의 관계를 통해서 바른 우정의 모델을 찾아야 한
1. 둘이 하나의 마음을
2. 사랑이 넘치는 가슴을
3. 서로를 향해서 곧은 정절을

교회 안에서 내가 먼저 손을 내어 밀어 사랑을 베풀도록 다짐하자.

내 생명을 모든 환난에서 _ 대하 1:10-13
하나님은 우리가 절대 요구되는 것을 기도하기 원하신다.
1. 존귀한 복
2. 평강의 복
3. 능력의 복

내게 주신 능력으로 말미암아 하나님께 영광이 되기를 다짐하자.

주는 나의 하나님이시니 _ 시 143:7-10

주님의 품을 피난처로 삼고 그 안에서 안식을 누리기를 원해야 한다.

1. 속히 내게 응답하소서
2. 주의 인자한 말씀을 듣게 하소서
3. 주의 뜻을 행하게 하소서

그 환경을 주신 하나님께 어떻게 해야 할 지 가르쳐 달라고 기도하자.

구제와 선행을 힘쓴 이방인 _ 행 10:1-8

주님의 이름으로 행하는 성도의 구제와 선행은 하나님께 상달된다.

1. 하나님께 인정을 받다
2. 천국에서의 삶을 미리 즐기다
3. 이 땅에서 천국을 살라

주님의 손이 되어서 이웃에게 구제와 선행에 힘쓰도록 한다.

하나님을 기쁘시게 섬길지니 _ 히 12:26-29

지금, 우리는 더욱 큰 은사와 은혜를 보고 있다.

1. 은혜를 사모해야
2. 예배를 사모해야
3. 기도를 사모해야

나의 가정이 하나님의 집으로 부흥되기를 소망하자.

6 집사(서리)

하나님의 뜻에 합한 자 _ 삼상 17:32

어떻게 해야 하나님의 뜻에 합하며 마귀와의 싸움에서 승리할까?

1. 주를 위해 싸워야
2. 낙담하지 말아야
3. 하나님께 소망을 두고 기도해야

바로 내가 하나님께서 찾는 바로 그 사람이 되어야 한다.

여호와의 눈 _ 시 34:14-22

하나님은 천국의 백성이요 자녀 된 우리들을 향하시고 있으시다.

1. 하나님의 눈은 중심을 보시는 눈
2. 하나님의 눈은 감찰하시는 눈
3. 의인을 향하시는 눈

매일, 매일의 삶에서 하나님의 눈을 의식하기를 다짐하자.

세 번째 아들 _ 마 21:28-32

성도는 예수님을 사랑하고, 말씀에 순종하는 아들이 되어야 한다.

1. 말은 잘 하고 행동은 순종하지 않는 첫째 아들
2. 말은 부정적이지만 행동은 순종하는 둘째 아들
3. 말과 행동이 같이 순종하는 셋째 아들

말과 행동이 같고 하나님께 순종하는 아들이 되기를 사모하자.

진정한 자유 _ 행 16:16-34

성도에게는 천국 백성으로서 누리게 되는 자유의 신비가 있다.

1. 바울이 누렸던 자유는 신비한 것
2. 자유와 평강은 예수님이 주신 것
3. 우리 안에서 성령이 주신 것입니다.

성령의 법이 죄와 사망의 법에서 자신을 해방하는 은혜를 소망하자.

바울의 동역자로 헌신한 부부 _ 롬 16:3-5

복음 사역자를 도와서 하나님의 일에 쓰임을 받아야 한다.

1. 바울을 위한 헌신
2. 바울의 사역에 동역자 된 부부
3. 자기의 집을 교회로 내어주다

사역자와 뜻을 같이 해서 복음을 위하여 수고하기를 도전하자.

십자가에 들어 있는 진리 _ 고전 1:18-25

하나님께서는 예수님의 십자가를 통해서 사랑을 나타내셨다.

1. 고난의 상징
2. 사랑의 상징
3. 능력의 상징

십자가에서 이루어진 구원의 은혜에 감사하면서 지낼 것을 다짐하자.

⑦ 집사 안수

네가 먹는 날에는 반드시 죽으리라 _ 창 2:15-23
하나님께서는 약속으로 말미암아 피조물과 계약을 맺으신다.
  1. 그것을 경작하며 지키게 하시고
  2. 동산 각종 나무의 열매는 네가 임의로 먹되
  3. 선악을 알게 하는 나무의 열매는
하나님께서는 우리에게 순종이냐, 불순종이냐를 요구하고 계신다.

왜 세상과 싸워야 하는가 _ 삼상 14:6
우리는 결코 불의를 보고 침묵하거나 방관해서는 안 된다.
  1. 할례 없는 자들을 정복하기 위해서
  2. 여호와께서 일하시기 때문에
  3. 승리가 확실하기 때문에
영적 전투에서 승리하기 위하여 열심히 분투하기를 결단하자.

예수님의 눈물 _ 눅 19:41-46
예수님께서 눈물을 흘리실 수밖에 없으셨던 것을 기억해야 한다.
  1. 믿음이 없는 세대를 바라보시며 흘리시는 눈물
  2. 안타까운 마음에서 흘리시는 눈물
  3. 멸망을 바라보시면서 흘리시는 눈물
때를 읽지 못하는 안타까움에 눈물을 흘리기를 다짐하자.

부활이 주는 소망 _ 행 2:22-36

주님의 부활은 제자들 뿐 아니라 우리들에게 소망을 준다.

1. 성도의 삶에 소망을 줌
2. 성도의 신앙에 소망을 줌
3. 성도의 내세에 소망을 줌

내세에 신령한 몸으로 부활하여 천국에서 사는 소망을 갖자.

직분을 맡은 자로서 _ 갈 4:8-20

하나님과 교회를 위하여 주어진 직분을 감당해야 한다.

1. 약해도 감당하는 것
2. 참된 말을 하는 것
3. 해산의 수고로 감당하는 것

그리스도의 형상을 이루기까지 봉사하기를 소망하자.

구하는 바를 그에게서 받나니 _ 요일 3:21-22

하나님께서는 우리의 기도에 응답하심으로써 사랑을 보여주신다.

1. 무엇이든지 구하는 바를
2. 그의 계명을 지키고
3. 기뻐하시는 것을 행함

하나님을 기쁘시게 해드려 그분의 사랑 받는 자녀가 되자.

8 권사 취임

천한 자가 지도자가 됨 _ 삿 11:1-11
하나님께서는 신분이 천한 자도 세우셔서 지도자로 만드신다.
1. 기생의 아들로 태어나다
2. 길르앗 장로들이 다시 찾다
3. 길르앗 장로들이 지도자로 삼다

하나님의 손에 들려서 쓰임을 받는 사람이 되기를 기도하자.

월권행위 _ 삼상 13:13-14
주인의 권한을 뺏으려고 하는 자는 반드시 진멸당하고 만다.
1. 망령되이 행함
2. 명령을 지키지 않음
3. 월권행위의 결과

자신의 위치를 잊고 월권행위를 자행하지 않도록 자기에게 도전하자.

성도의 소원은? _ 엡 3:14-19
성도에게는 하나님의 사람으로 자신을 구비시켜야 하는 소원이 있다.
1. 속사람이 강건하기를
2. 그리스도께서 마음에 계시기를
3. 뿌리가 박히고 터가 굳어지기를

믿음의 터가 굳어져서 신앙의 열매를 많이 맺기를 도전하자.

교회 앞에서의 영적인 지도자 _ 살전 2:1-12

교회와 성도들에게 영향을 끼칠만한 자세를 보여야 한다.

1. 복음을 위하여 고난을 당함
2. 외롭더라도 하나님을 기쁘시게 함
3. 자기 자신에게 진실하게 함

말이 아니라 행동으로 영향을 끼치는 사람이 될 것을 도전하자.

시험을 참는 자 _ 약 1:1-18

성도는 믿음 안에서 거룩한 삶을 살아가야 한다.

1. 시련을 만났을 때 인내함
2. 시련을 만났을 때 지혜를 구함
3. 시련을 만났을 때 영적 신분을 기억함

세상의 가치 기준을 초월한 성도라는 높은 신분의 긍지를 갖자.

안개와 같은 인생 _ 약 4:13-17

깨어지기 쉬운 질그릇과 같은 인생의 의미를 잊지 말아야 한다.

1. 타락의 결과로: 내일 일을 알지 못하는 인생
2. 영원을 잃은 인생
3. 영생의 회복

성경을 가까이 하여 내일을 바라보는 삶을 살아가자.

9 장로 피택

약속의 땅에 들어갈 사람 _ 신 34:1-6

우리는 하나님의 약속을 성취 받는 자들이 되어야 한다.

1. 하나님께 약속을 받은 사람
2. 하나님의 말씀에 순종하는 사람
3. 약속을 믿음으로 거듭난 사람

믿음 있는 자가 되어 하나님의 약속이 성취되는 것을 보자.

백성을 위한 정치가 _ 삼상 12:3-4

하나님 앞에서 권세는 거룩한 성격을 갖는다는 사실을 기억하자.

1. 착취하지 않음
2. 압제하지 않음
3. 잘못을 시인함

날마다 주의 말씀을 깊이 묵상하여 정의를 베풀도록 다짐하자.

천국 알곡의 신앙 _ 마 3:10-12

추수하시는 하나님께 알곡이 되어드리는 신앙인이 되어야 한다.

1. 알곡을 원하시는 하나님
2. 알곡과 쭉정이를 가리시는 하나님
3. 꺼지지 않은 불에 태워버려지는 쭉정이

천국 창고에 들어가게 되는 믿음의 사람이 되기를 도전하자.

복 있는 자의 요소 _ 눅 10:21-24

성도에게는 신령한 것을 누릴 수 있는 조건이 갖추어져 있어야 한다.

1. 보는 눈이 있어야
2. 듣는 귀가 있어야
3. 깨닫는 마음이 있어야

신령한 세계를 경험할 수 있는 은혜를 사모하는 것에 도전하자.

나의 기쁨은 오직 하나님 _ 갈 1:6-10

오직 하나님을 기쁘게 하고 기쁨을 구하는 자가 되어야 한다.

1. 하나님 중심이 되어야
2. 하나님의 뜻대로 해야
3. 믿음이 있어야 합니다.

핍박을 받고, 천대를 받아도 먼저 하나님께 기쁨이 되자.

성숙함을 나타내라 _ 딤전 4:12-16

말과 행실이 남에게 본이 되어서 신뢰감을 갖도록 해야 한다.

1. 언행을 삼가라
2. 전심전력하라
3. 성숙함을 나타내라

오늘, 신앙의 성장이 이루어져 가는 것을 경험하자.

⑩ 장로 안수

여호와께 드리는 소제 _ 레 2:1-6
하나님께 예물을 드리는 것은 자신을 드리는 것을 의미한다.
1. 소제를 드리는 방법
2. 기름과 유향
3. 넣지 말아야 할 것

여호와께서 기뻐 받으시는 제물의 삶을 사모하자.

이스라엘아 들으라 _ 신 6:4-9
하나님의 말씀을 듣고 그 말씀을 삶의 표준으로 삼아야 한다.
1. 들으라-하나님의 말씀, 율법
2. 사랑하라-하나님께 전심을 드리도록
3. 가르치라-자손에게 하나님을 경외하도록

오늘, 한 날을 하나님의 말씀으로 살겠다고 도전하자.

왕으로 세워 주실 때에 _ 삼상 20:13-14
지도자는 자신이 이끌어야 하는 자들에게 공의를 베풀어야 한다.
1. 평안이 지속되어야, 13절
2. 인자를 베풀어야, 14절
3. 악정을 삼가야, 14절

공의로운 사회를 만드는 그리스도의 종이 되고자 기도하자.

죽으면 죽으리이다 _ 에 4:1-17

에스터의 결단에 유다인은 구원받고 존귀와 영광을 누리게 되었다.

 1. 유다 민족을 다 멸하고자 하더라

 2. 죽으면 죽으리이다.

 3. 한 나무에 하만을 다니

"죽으면 죽으리이다"의 신앙을 가지고 이 민족을 구원하는 종이 되자.

헌신과 사랑의 희생 _ 몬 1:18-22

한 영혼의 구원을 위해 내게 있는 것이 아낌없이 사용되어야 한다.

 1. 영혼을 위한 대가

 2. 예수님의 희생

 3. 끝까지 쏟는 사랑

교회 안에서 이웃을 형제로 받아들이도록 도전하자.

흰 옷 입은 성도들의 감사 _ 계 7:9-14

성도는 감사의 찬송으로 하나님께 영광을 드려야 한다.

 1. 감사한 내용-구원을 받아 천국에 들어온 것

 2. 감사한 대상-우리 하나님과 어린 양

 3. 감사의 결과-우리 하나님께 세세토록

하나님 앞에 설 때마다 감사로 나아가자.

8. 문제를 지닌 가정 심방

1 식구들의 불화

그를 택하였나니 _ 창 18:16-21

하나님은 가정을 통하여 자신의 뜻을 세상에 전달하신다.
1. 나의 하려는 것을 아브라함에게 숨기겠느냐
2. 천하 만민은 그를 인하여 복을 받게 될 것이 아니냐
3. 나 여호와가 아브라함에게 대하여 말한 일을 이루려 함이니라

우리의 가정은 하나님의 말씀이 이루어지는 곳이 되어야 한다.

나는 여호와로라 _ 출 6:1-9

하나님께서는 자기의 사람을 위로하시면서 일을 성취하신다.
1. 강한 손을 더하므로
2. 고역에서 너희를 건지며
3. 그 땅을 너희에게 주어

말씀하시며, 약속을 성취하시는 하나님께 기도하기를 도전하자.

가족 안에서의 윤리 _ 삼하 13:10-14

가정에서는 지켜져야 하고, 보호되어야 하는 윤리가 있다.

1. 가정의 보호
2. 다말을 욕보인 암논
3. 화를 불러옴

부모를 기쁘게 해드리는 자녀가 되기를 도전하자.

네 아내는, 네 자식들은 _ 시 128:1-6

우리 가정에 하나님의 사랑이 풍성한 식구들이 되어야 한다.

1. 여호와를 경외하며 그의 길을 걷는 자마다
2. 네 손이 수고한대로 먹을 것이라
3. 아내는 결실한 포도나무, 자식들은 어린 감람나무

아내와 자녀들로 인하여 하나님께 감사하도록 결단하자.

연합하여 동거함이 _ 시 133:1-3

하나님 앞에서 가정의 즐거움은 형제가 연합하여 동거함이다.

1. 형제가 연합하여 동거함이
2. 보배로운 기름-헐몬의 이슬
3. 여호와께서 복을 명령하셨나니

형제들 때문에 서운함도 있었을 것이지만 용서하고 사랑하자.

② 부부 사이 신앙의 불일치

생육하고 번성하여_ 창 1:28

하나님께서는 태의 문을 열어주시고, 사람은 서로 사랑해야 한다.
  1. 서로 사랑해야 될 부부
  2. 번성해야 하는 가정
  3. 땅에 충만하고, 정복하는 가정

사랑으로써 관계를 유지하는 부부가 되기 위하여 결단하자.

모세의 변명_ 출 4:1-12

하나님은 자기의 일을 위하여 선택받은 자를 깨닫게 해주신다.
  1. 손을 품에 넣으라
  2. 하수를 조금 취하여다가
  3. 내가 네 입과 함께 있어서

종을 부르시고, 순종하기까지 오래 참으시는 하나님을 기억하자.

태의 열매는 그의 상급_ 시 127:3-5

자녀는 하나님께서 자신의 뜻을 따라 선물로 주시는 기업이다.
  1. 여호와의 주신 기업
  2. 태의 열매는 그의 상급
  3. 장사의 수중의 화살

자녀를 주셔서 그의 삶을 복되게 하시는 하나님을 바라보자.

한 몸이 될지니라 _ 마 19:3-9

가정의 의미는 남자와 여자를 한 몸이 되게 하시려는 의도이다.

1. 본래 그들을 남자와 여자로 지으시고
2. 아내에게 합하여 그 둘이 한 몸이 될지니라
3. 하나님이 짝지어 주신 것을

우리는 한 몸이 되었으니 하나 되기에 힘쓰자.

첫 표적을 갈릴리 가나에서 행하여 _ 요 2:1-11

예수님께서 결혼잔치 집에 가셨다는 것으로 이 집에는 축복이었다.

1. 혼인 잔치 집에 오신 예수님
2. 포도주가 떨어진 잔치 집
3. 새 가정을 축복하신 예수님

우리 가정을 축복하시는 주님을 모시도록 사모하자.

지식을 따라 동거하라 _ 벧전 3:1-7

남편과 아내는 각자가 기도가 막히지 않도록 주의해야 한다.

1. 아내의 순종
2. 남편의 사랑
3. 하나님의 경륜

하나님의 지식으로 세상을 살아가도록 도전하자.

③ 타신앙 부모와의 갈등

내 백성의 고통을 정녕히 보고 _ 출 37-12

하나님은 우리의 고통을 아시고, 하나님의 시간에 개입하신다.

1. 성도의 고통을 보심-○○○(성도)님을 아시는 하나님
2. 성도의 부르짖음을 들으심-○○○(성도)님이 기도하시면?
3. 하나님의 때에 고통에서 건져주심

나의 고통을 덜어주시는 하나님께 소망을 두고, 기도하면서 기다리자.

주 여호와는 하나님 _ 왕상 18:30-40

성도의 성공에는 여호와께서 나의 하나님이 되셔야 한다.

1. 제단의 수축
2. 소제 드릴 때
3. 하나님의 영광을 구함

하나님을 믿음이나, 이 땅에서 살아가는 일에 성공을 바라보자.

너는 범사에 그를 인정하라 _ 잠 3:5-6

하나님을 의지하기보다는 자신들의 길을 가는 것에 문제가 있다.

1. 마음을 다하여 여호와를 의뢰해야
2. 자신의 명철을 의지하지 말아야
3. 범사에 하나님을 인정해야

하나님의 지도를 받아서 바른 길로 가기를 소망하자.

핍박을 두려워 말라 _ 마 5:10-12

예수님 때문에 핍박을 받으면 복이 된다.

1. 약속된 천국
2. 의를 위한 핍박
3. 핍박을 받는 까닭

지금 당하고 있는 핍박을 의를 이루는 고난으로 받자.

하나님의 보호 _ 마 10:28-33

자녀들이 집에서 경험하는 부모의 모습은 자녀를 지켜줌이다.

1. 너희에게는 머리털까지 세신바 되었나니
2. 두려워하지 말라
3. 사람 앞에서 나를 시인하면

우리를 지켜주시고, 보호해 주시는 하나님을 아버지라 부르자.

도리어 진보가 된 줄을 _ 빌 1:12-18

감춰져 있던 갈등을 드러내시는 하나님의 의도를 깨달아야 한다.

1. 고통은 또 다른 이름의 기회
2. 비웃음의 대상이 된 바울
3. 진보의 기회로 삼아라

고통스러운 시간을 통해서 이루어 하나님의 손길을 보도록 하자.

4 가족 일부의 불신앙

애굽 사람을 쳐 죽인 모세 _ 출 2:10-15

인간의 의지만으로는 하나님의 일을 할 수 없다는 것을 깨닫자.

1. 감정에 치우친 의지
2. 사람의 눈을 피하려는 두려움
3. 하나님께 의롭지 못함

성령님의 감동하심이 없는 의를 추구하지 않도록 기도하자.

복을 받은 세 지파 _ 수 22:1-6

세 지파는 형제 지파들이 땅을 정복하러 나갈 때, 앞에서 싸워주었다.

1. 신실함의 은혜
2. 희생하는 자비의 은혜
3. 끝까지 충성하는 은혜

언제나 하나님께 성실하여 쓰임을 받기를 사모하자.

네 부모를 공경하라 _ 잠 23:22-26

우리가 거룩하게 여겨야 할 계명이 있다면 부모를 공경하는 것이다.

1. 부모의 말을 청종함
2. 부모를 존경함
3. 부모의 기대를 따름

하나님께서 세워주신 부모를 높여드림을 사모하자.

버리지 않으시는 하나님 _ 호 11:8-9

혹시 죄를 지었을지라도 하나님의 사랑에는 변함이 없으시다.

1. 우리 가운데 거하시는 은혜
2. 거룩하신 하나님
3. 진노하지 않으시는 은혜

넘어지지 않도록 붙들어 주시는 하나님을 바라보자.

전도의 아름다운 수고 _ 몬 1:8-10

바울은 옥에서도 전도한바, 전도는 장소를 구애받지 않는다.

1. 옥에서도 전도하는 바울
2. 오네시모를 위한 부탁-형제처럼 받아달라는 부탁
3. 전도자의 기쁨-영적 자녀를 낳음

죄인의 구원을 위한 전도로 하나님께 충성을 다하기를 다짐하자.

은혜와 평강이 있기를 _ 계 1:4-6

은혜는 주님 안에서 누리게 된 생을 소유한 새 생명의 삶이다.

1. 요한이 받은 계시-하나님께서 속히 이루실 일
2. 은혜와 평강-그 무엇으로도 누릴 수 없는 즐거움
3. 일곱 영-일곱 천사

예수님으로 말미암는 은혜와 평강은 성도의 삶을 복 되게 해준다.

⑤ 시가-처가와의 갈등

하나님을 두려워한 산파들 _ 출 1:15-22

산파들은 바로 왕의 명령보다 하나님 앞에서 행동하였다.

1. 어긋나는 일을 할 수는 없다는 판단에서
2. 하나님이 두려웠기에
3. 하나님은 아실 것 같았으므로

자신의 목숨보다 하나님을 더 의식하면서 살아가기를 다짐하자.

룻과 나오미-고부의 정 _ 룻 1:15-18

룻은 시머어니를 떠나지 않으려 결심하였다.

1. 며느리들을 돌려보내려는 시어머니
2. 시어머니를 떠나지 않음
3. 시어머니의 하나님을 선택함

룻은 하나님을 자기의 하나님으로 선택하겠다고 결심하였다.

시어머니에게 효성을 다한 여인 _ 룻 2:10-13

하나님께서는 겸손한 자에게 은혜를 더하신다.

1. 겸손한 여인
2. 효성을 다하는 여인
3. 감사를 잊지 않은 여인

감사한 마음을 표시하고, 그 다음에 더욱 큰 은혜입기를 구하자.

룻이 보아스의 아내가 되다 _ 룻 4:13-17

나오미는 며느리를 위하여 그녀의 결혼을 주선하였다.

1. 보아스와의 결혼
2. 아들을 낳은 룻
3. 복을 받은 나오미

며느리의 결혼을 주선한 나오미는 이스라엘에서 복된 여인이 되었다.

심정을 헤아리시는 은혜 _ 시 5:1-3

아버지이신 하나님은 우리의 심정을 헤아리고 계신다.

1. 간절한 마음의 간구
2. 하나님을 나의 왕으로 삼은 간구
3. 응답을 바라는 간구

하나님께서 응답해 주심을 확신하고 비는 간구를 하자.

주 안에서 기뻐하라 _ 빌 4:1-3

성도의 기쁨은 자기에게 있지 않고, 하나님께 있다.

1. 주 안에서의 기쁨
2. 기쁨-성령의 열매
3. 협력하는 기쁨

하나님께 기쁨이 되도록 나의 인생을 도전하자.

6 쓴뿌리의 문제

간음하지 말라 _ 출 20:14
두 사람은 결혼을 통해서 부부라는 독립된 하나의 인격을 만든다.
1. 기독교의 부부윤리
2. 부부의 신비
3. 성의 즐거움

부부가 되었다는 것은 성을 두 사람의 것으로 여긴다는 의미이다.

하나님께서 쓰시는 사람 _ 출 31:1-11
하나님께서는 사람을 선택하시고, 준비시켜 주신다.
1. 지명하여 부르심
2. 성령으로 충만케 하심
3. 지혜롭게 하심

하나님 앞에서 부름을 받은 사람으로 부족하지 않기를 결단하다.

구름으로 나타난 하나님의 영광 _ 출 40:34-38
하나님께서 모든 일을 하시는 목적이 영광 받으시는데 있다.
1. 구름을 통해서 나타남
2. 백성이 움직일 때 나타남
3. 구름이 떠오르지 아니할 때 나타남

나의 순간, 순간이 하나님께 영광이 되기를 도전하자.

간음치 말라 _ 마 5:27-32

사탄은 가정이 파괴되는 것을 즐기려 한다.

1. 음욕을 품고 여자를 보는 자
2. 음욕의 통로
3. 거절해야 할 죄

자기를 음란에 내어주어 죄를 지어 가정을 파괴하지 않도록 기도하자.

장가 간 자, 시집 간 자 _ 고전 7:32-34

부부들이 빠지기 쉬운 마귀의 함정이 바로 가정이라는 우상이다.

1. 세상을 좇지 않도록 경계해야
2. 가정이 우상이 되지 않도록 경계해야
3. 자신을 거룩히 하도록 힘써야

모든 불의에서 떠나 주의 뜻을 좇는 가정을 세울 것을 결단하자.

그리스도 안에서 _ 빌 2:1-4

하나님의 영광을 위해서 드러내어야 할 것은 성도의 겸손이다.

1. 주 안에서 하나
2. 다툼이나 허영을 버림
3. 예수님의 마음과 손

오늘, 하루를 사는 만큼 예수님을 닮아감에 도전하자.

7 자녀의 방황

성막을 짓기 위하여 _ 출 35:20-22

하나님께서 성막을 지으라 명령하실 때, 온 회중이 함께 헌신하였다.

1. 이스라엘 자손의 온 회중이, 20절
2. 마음에 감동이 되어야, 21절
3. 값진 것을 드려야, 22절

마음에 감동해서 자원하는 심령으로 섬기기를 도전하자.

이스라엘을 구원하라 _ 삿 6:11-19

자기 백성들을 돌보시는 하나님이 찾아오시면 소망이 있다.

1. 찾아와 주시는 하나님
2. 애통을 보시는 하나님
3. 기다리시는 하나님

오늘, 하나님의 자비를 구하는 삶을 결단하자.

견고히 서리라 _ 시 92:12-15

대적하는 자들이 많은 이 세상에서 오직 믿음에 견고해야 한다.

1. 의인에게는 번영과 강건함이 약속됨
2. 여호와 앞에서 노년이 영광스러움
3. 하나님께서 그의 인생은 기초가 되어주심

의인은 하나님의 보호를 받아서 견고하여 영광스러움이 드러난다.

주의 뜻을 행하게 하소서 _ 시 143:8-12

하나님의 뜻을 깨달았다면 무엇이든 순종하겠다고 약속해야 한다.

1. 하나님에 대한 고백
2. 순종에 대한 간구
3. 인도하심의 요청

그분의 뜻을 이루어 드리는 삶을 즐거워하기를 도전하자.

하나님의 긍휼히 여기심 _ 호 1:2-9

죄는 하나님의 진노를 사지만, 하나님의 긍휼은 구원을 약속하신다.

1. 음란한 아내에게 임한 은혜
2. 하나님의 긍휼
3. 자녀로 삼으심

하나님의 사랑을 받는 자녀가 되기를 사모하자.

온전한 상을 받으라 _ 요이 1:7-11

성도에게는 그가 행한 대로의 상급이 약속되어 있다.

1. 미혹하는 자를 주의하라
2. 자신을 삼가라
3. 교훈 안에 있도록 하라

나를 중심으로 해서 신앙생활을 하지 않도록 주의하자.

8 예기치 못한 재정의 결핍

밤에 노래를 주시는 자 _ 욥 35:9-13

실패와 절망의 일들이 몰려올 때, 하나님께서는 찬송을 주신다.

1. 노래를 주심-하나님의 은혜를 봄
2. 열매를 기다리는 밤
3. 밤의 찬송-고통 중에서 소망을 봄

어려움을 통해서 찬송을 주시는 하나님을 바라보자.

나를 붙드시는 여호와 _ 시 3:1-8

언제나 어디에서든지 함께 하시고, 돕는 손길이 되시는 하나님이시다.

1. 기도를 들어주시는 은혜
2. 붙들어 주시는 은혜
3. 구원이 하나님께 있는 은혜

날마다 하나님의 구원을 보기를 도전하자.

마음에 원하는 자들이 _ 출 36:1-7

하나님의 일은 마음에 감동이 되어 자원할 때, 은혜가 나타난다.

1. 자손의 성소를 만들게 하심, 3절
2. 값진 예물을 드리게 하심, 3-6절
3. 쓰고 남음이 있게 하심, 7절

하나님 앞에서 자원하는 심령을 갖도록 기도한다.

평안히 살게 하신 때 _ 삼하 7:1-3

우리의 삶을 강하게 하시려고 고난을 통하여 연단을 받게 하신다.

1. 고난 중에 받게 되는 하나님의 연단
2. 평안할 때 하나님을 묵상하라
3. 하나님의 약속

하나님께서 우리에게 큰 복을 약속하셨음에 감사하며 기다리자.

하나님이 가라사대 _ 시 91:14-16

우리들이 간구하면 하나님께서 아낌없이 응답해 주신다.

1. 우리를 건져주시는 하나님
2. 우리를 높여주시는 하나님
3. 응답해주시는 하나님

하나님을 사랑함이 오직 우리의 보장이다.

예수 안에서 지어져 가라 _ 엡 2:19-22

우리는 식구들이 함께 거룩한 처소로 만들어가야 한다.

1. 하나님의 권속
2. 주 안에서
3. 하나님의 처소

나의 성전 됨에 감사하고 거룩한 처소로 지어져 가기를 사모하자.

9. 위기에 처한 가정 심방

① 직장을 잃은 가족

뭇별을 셀 수 있나 보라 _ 창 15:4-6

장막 안에서 염려하지 말고 밖으로 나와서 하늘을 보라고 하셨다.

1. 밖으로 불러내시는 하나님
2. 후손을 약속해 주신 하나님
3. 약속으로 소망을 주시는 하나님

하나님께서 이기게 하시며, 상급을 주심을 믿어야 한다.

선택받은 자의 하나님 _ 창 20:3-8

사람은 갑자기 닥쳐온 재난을 피하지만 하나님은 보호하신다.

1. 그랄 땅으로 간 아브라함
2. 그랄 왕을 막으신 하나님
3. 삶의 터전을 제공받은 아브라함

아브라함을 위기에서 지켜주셨던 하나님의 은혜를 사모하자.

손바닥을 치고 즐거운 소리로 _ 시 47:1-9

절대자 하나님을 찬양하고 그 분 앞에서 소망하는 삶을 살아야 한다.

1. 하나님께 외쳐라, 1절
2. 우리를 위하여 기업을 택하시는 하나님, 3-4절
3. 하나님의 확고한 약속을 의지하라, 9절

오늘도 먼저, 하나님의 위대하심을 시인하고 인정하도록 하자.

마음판에 새기라 _ 잠 3:1-4

하나님의 말씀을 배우는 일에 열심을 내어야 한다.

1. 하나님께서 주시는 복
2. 하나님의 말씀을 배워야
3. 진리의 말씀을 몸에서 떠나지 않도록

복을 누리기 위해서 하나님의 말씀을 가까이 하기를 다짐하자.

예수께서 가까이 이르러 _ 눅 24:17-27

주님께서는 자비의 걸음으로 오셔서 보혜사가 되어 주신다.

1. 찾아오시는 예수님
2. 낙심하게 된 이유
3. 믿어지지 않을 때

슬퍼하며 낙심한 자에게 찾아오셔서 동행하시는 주님이시다!

② 경제적인 어려움

형통한 자가 되어 _ 창 39:1-5
하나님은 자기의 사랑하는 자들을 도우시는 분이시다.
1. 여호와를 인정해야
2. 여호와의 도우심을 의뢰해야
3. 자신의 위치에서 성실해야

우리가 하는 일들이 주님에 의해 감찰되고 있음을 기억하여 성실하자.

요단에 들어서라 _ 수 3:4-6
하나님의 말씀을 따르면 소망이 있다.
1. 구원의 하나님을 바라보라
2. 스스로 성결케 하라
3. 요단을 건너라

우리를 내버려 두지 않으시는 하나님은 곤란에서 구하신다.

종의 집에 복을 주시는 _ 삼하 7:25-29
자기의 백성을 위하여 넘치도록 복을 주시는 여호와이시다.
1. 자기의 종에게 복을 주시는 하나님
2. 약속하신 복을 염원하라
3. 복을 달라고 간구하라

여호와의 약속이 삶에서 그대로 이루어지게 해달라고 간구하자.

티끌과 재 가운데에서 _ 욥 42:10-15

사람이 기도하는 시간에 하나님은 응답하신다.

1. 기도하게 하시는 하나님
2. 곤경을 돌이키시는 하나님
3. 더 복을 주시는 하나님

탄식의 눈물을 웃음으로 바꾸어 주시는 하나님만을 바라보자.

하나님께 가까이 함이 _ 시 73:27-28

하나님을 아버지로 부르고, 그의 품에 안기면 은혜를 받게 된다.

1. 하나님께로 나아가자
2. 선택받은 자녀들
3. 내게 복이라

모든 문제의 해결도, 우리가 희망하는 부요함도 하나님께만 있다.

집을 세우시는 여호와 _ 시 127:1-3

하나님께서는 천지창조 때부터 사랑의 가정을 선물로 주셨다.

1. 집에 대하여 주권을 갖고 계신 하나님, 1절
2. 사랑하시는 자를 지켜주시는 하나님, 2절
3. 여호와의 기업, 여호와의 상급, 3절

우리 가족과 가족에게 복을 주시는 하나님께 감사하자.

③ 사고로 말미암은 장애

내 마음이 크게 기뻐하며 _ 시 28:1-9

자기 백성을 위하시는 하나님의 절대능력과 절대은혜를 믿어야 한다.

1. 기도를 들어주시기를 바람, 1-2절
2. 자기의 종말이 악인들의 종말과 같아지지 않기를 기도함 3-5절
3. 기도에 응답을 받고 찬송함, 6-9절

구원의 기쁨이 있는 사람은 노래로 하나님을 찬송한다.

성도를 지키시는 하나님의 손 _ 시 91:11-16

하나님께서는 우리를 방관하지 않으시고, 돌보아 주신다.

1. 우리를 위한 창조의 손
2. 우리를 위한 섭리의 손
3. 우리를 위한 회복의 손

고난과 아픔을 변하여 기쁨의 열매로 만들어 주신다.

영화롭게 해 주시는 하나님 _ 잠 4:5-9

지혜는 아름다운 관을 머리에 두겠고 영화로운 면류관을 준다.

1. 지혜의 말씀
2. 존귀하게 해 주는 지혜
3. 걸음이 곤란하지 아니하도록

오늘, 나의 하루가 지혜의 말씀으로 채워지기를 기도하자.

다비다야 일어나라 _ 행 9:36-42

우리의 울음소리를 들으시고자 위급한 순간을 만나게 하신다.

1. 다비다의 죽음
2. 과부들의 울음소리
3. 다비다를 살리다

오늘, 하나님께서 손을 대어주실 것을 기대하자.

모든 것이 합력하여 _ 롬 8:28

하나님께서는 우리에게 베푸신 모든 은혜를 알게 하셨다.

1. 알게 하시는 하나님
2. 고난의 시간
3. 하나님을 사랑하는 자

우리를 연단하시는 하나님 앞에서 천국의 소망을 갖도록 기도하자.

내게 능력 주시는 자 안에서 _ 빌 4:13

우리는 문제를 만났을 때, 문제 앞에서 먼저 엎드려 간구해야 한다.

1. 비전을 주시는 하나님
2. 생각을 갖게 하시는 성령님
3. 간구하도록 하는 믿음

이제, 무릎을 꿇고서 믿음이 없는 것을 도와달라고 간구하자.

④ 사업의 실패

두려워하지 말고 가만히 서서 _ 출 14:13

하나님의 말씀에 창조의 능력이 있어서 기적이 나타난다.

1. 하나님의 구원을 믿어라
2. 엎드려 기도하라
3. 하나님의 말씀대로 행하라

큰 어려움을 만나게 되면, 두려워하지 말고 담대해야 한다.

내 소리를 들으심이여 _ 시 18:4-6

하나님은 택한 자를 진실히 지키시는 구원자이심을 믿어야 한다.

1. 사망의 슬픔 때문에 구원하심, 4절
2. 하나님의 구원하심을 고백함
3. 하나님의 거룩하신 이름을 찬양함

하나님의 성호를 찬송하고 그에게 영광을 돌리기를 다짐하자.

넉넉히 이기느니라 _ 롬 8:37-39

하나님께서는 우리를 위하여 독생자를 주실 만큼 사랑하셨다.

1. 하나님의 사랑
2. 이기게 하시는 하나님
3. 중보하시는 예수님

지금, 나의 어려움을 예수님께서 친히 중보해 주심을 기억하자.

달음질하라—상을 받기까지 _ 고전 9:24-25

바울은 상을 얻기까지 달음질하라고 권면한다.

1. 썩지 않을 상을 바라보는 사람
2. 목표를 향해서 달음질해야
3. 규칙에 따라서 달음질해야

우리의 달음질도 상을 얻는 달음질이 되도록 힘쓰기를 결단한다.

성공자의 삶 _ 약 4:13-17

하나님 앞에서 첫째로 결단할 것은 주님만 의지한다는 것이다.

1. 하나님을 의지하라
2. 하나님의 뜻을 존중하라
3. 착한 일을 도모하라

하나님의 뜻이 바로 나의 첫째라는 사실을 깨닫자.

적은 능력으로 _ 계 3:7-13

빌라델비아 교회는 천국의 문이 열려 있는 복을 받았다.

1. 문이 열리는 복을 받다
2. 원수의 목전에서 상을 베푸시는 복을 받다
3. 시험의 때를 면하는 복을 받다

잘 되는 것도 복이지만, 시험의 때를 피하는 것은 더 큰 복이다!

5 이혼을 하게 된 경우

내가 주를 사랑하나이다 _ 시 18:1-3

성도는 하나님께 자기의 사랑을 고백하고 그를 찬송해야 한다.

1. 하나님을 사랑함, 1절
2. 하나님을 신뢰함, 2절
3. 하나님을 찬양함, 3절

우리는 구원의 하나님을 사랑하고, 신뢰하고, 찬양해야 마땅하다.

우리를 위하시는 여호와의 긍휼 _ 시 103:8-13

하나님의 사랑은 아버지가 자녀를 사랑함처럼 크고 위대하시다.

1. 그 죄를 덮어주심
2. 무조건적으로 사랑해주심
3. 긍휼을 베풀어주심

우리를 위한 여호와의 긍휼에 감격하기를 결단하자.

여호와의 말씀이 두 번째로 _ 욘 3:1-2

소명의 감당에 실패한 요나에게 하나님이 다시 찾아오셨다.

1. 다시 기회를 주시는 하나님
2. 처음처럼 말씀하시는 하나님
3. 권면해 주시는 하나님

나에게 요구하시는 하나님의 명령에 순종하기를 다짐하자.

여호와께서 증인이 되시는 부부 _ 말 2:14-16

부부는 하나님 앞에서 배우자에 대한 약속에 충실해야 한다.

1. 배우자에게 충실해야 하는 부부
2. 궤사를 행치 말아야
3. 이혼이나 학대를 금해야

성도는 어떠한 경우에도 배우자에게 폭력을 금해야 한다.

구원에 이르게 하는 믿음 _ 막 10:46-52

성도는 사람에게 찾아오시는 주님의 사랑에 감격해야 한다.

1. 소경 바디매오
2. 소리를 지른 바디매오
3. 발걸음을 멈추신 예수님

나에게 절실히 요구되는 것이 무엇인지 살펴서 간절히 구하자.

주 안에서 마땅한 부부관계 _ 골 3:18-19

두 사람은 자신들이 서로 섬기고 사랑하여 한 몸을 이루어야 한다.

1. 존경하기를 서로 먼저 하라
2. 자기 직무에 최선을 다하라
3. 열심을 품고 주를 섬겨라

부부로서 서로 한 몸이 되기 위한 대가를 지불하도록 도전하자.

6 가족 중에 불의한 일에 가담하는 경우

법도를 듣고, 지켜, 행하면 _ 신 7:12-16
하나님의 말씀을 듣고, 지켜, 행하면 번성하는 은혜를 베푸신다.
1. 소생에게 베풀어지는 복
2. 생업에 나타나는 복
3. 질병을 멀리하는 복

오늘, 나에게서 최고의 관심은 하나님의 계획이기를 도전하자.

복술자들의 충고 _ 삼상 6:3-6
내 문제의 고리를 풀어가는 지혜는 오직 그분께 달렸음을 확인한다.
1. 거저 보내지 말라
2. 속건제를 드려라
3. 강퍅케 하지 말라

잘못을 인정하고 원래대로의 회복을 위해 노력하기를 부지런하자.

여호와께서 내 기도를 _ 시 6:1-10
하나님은 자기에게 나오는 자의 그 어떤 죄도 용서해 주신다.
1. "여호와여 주의 분으로 나를 견책하지 마옵시며"(1절)
2. "여호와여 내가 수척하였사오니 긍휼히 여기소서."(2절)
3. "여호와여 어느 때까지니이까?"(3절)

하나님의 신실하심을 신뢰(의지)하여 기도하자.

범사에 그를 인정하라 _ 잠 3:5-6

지혜로운 삶을 살고자 하는 만큼 하나님을 의뢰해야 한다.

1. 여호와를 의뢰하는 사람
2. 범사에 주를 인정하는 경영이다.
3. 모든 일에 최선을 다하는 사람

하나님의 인정을 받는 성실한 성도가 되도록 기도하자.

그리스도의 평강을 _ 골 3:12-17

눈에 보이는 것들에 마음을 빼앗기면 평강을 잃고 두려워한다.

1. 평강을 잃는 우리
2. 성령님의 충만하심을
3. 평강과 감사

그리스도 안에서 평강과 감사는 다 연결되어 있음을 기억하자.

풍성한 주의 은혜 _ 딤전 1:12-15

우리를 향하신 하나님의 긍휼은 어떤 사람이라도 변화시킨다.

1. 능하게 하심
2. 충성되이 여기심
3. 긍휼에 대한 자랑

나를 능하게 하실 성령님의 능력이 우리에게 있음에 감사하자.

7 빚을 져서 도피 중인 가족

복을 약속하시는 하나님 _ 창 13:14-18

세상의 것을 마음의 눈으로 보지 않고, 믿음과 소망으로 보아야 한다.
1. 영안이 열려 있어야
2. 하나님의 약속에 소망을
3. 반드시 성취되는 하나님의 약속

믿음의 눈, 소망의 눈을 갖고, 하나님의 약속을 바라보기를 기도하자.

아스돗에 내린 하나님의 심판 _ 삼상 5:1-6

누구든 하나님의 율례를 무시하면 심판을 받음을 다시 기억한다.
1. 언약궤를 다곤 곁에 모심
2. 엎드러지는 형벌을 당함
3. 여호와 앞에서 망하게 함

하나님만을 섬김으로 자녀 된 본분을 다하려고 결단하자.

여호와께서 함께 계시니 _ 삼하 5:17-25

하나님께서 동행하실 때 형통하며 그렇지 못할 때는 형통할 수 없다.
1. 강성해지는 은혜
2. 기도하는 은혜
3. 순종하는 은혜

여호와를 소망하면서 살아가겠노라 다짐하자.

나를 안전히 거하게 하시는 이_ 시 4:1-8

하나님만이 고난과 고통 중에서도 평안을 주실 분이시다.

1. 기도의 응답을 요망, 1절
2. 인생들(적)에 대한 호소와 권고, 2-5절
3. 성도는 여호와의 은혜를 가장 즐거워 함, 6-8절

기도는 불가능한 것처럼 보이던 일까지 가능케 하는 힘이 있다.

손 그늘로 덮어주시는 여호와_ 사 51:12-16

시련은 하늘에 속한 사람으로 살게 하시는 체질의 개선이다.

1. 사람을 단련시키는 시련
2. 우리가 바라보아야 할 소망의 하나님
3. 그늘을 펴서 덮어주시는 하나님

시련의 기간을 보낼 때 인내하도록 하나님의 은혜를 구하자.

부활의 힘_ 행 2:22-24

그리스도를 믿는 자들은 예수님과 함께 부활하여 영생을 얻게 된다.

1. 죽음에서 생명으로 바꾸는 힘
2. 절망에서 희망으로 바꾸는 힘
3. 공포에서 기쁨으로 바꾸는 힘

세상을 사는 동안에 두려움을 기쁨으로 바꾸어주실 주님을 기대하자.

8 재판을 받는 중에 있는 가족

두려워하지 말며 놀라지 말라 _ 수 1:7-9

하나님께서는 하나님을 사랑하는 자와 함께 하신다.

1. 하나님의 음성을 들어야
2. 하나님을 온전히 의뢰해야
3. 하나님의 말씀에 순종해야

상황을 보지 말고, 말씀에 순종하도록 자신에게 도전하자.

하나님의 응답으로 사는 사람 _ 단 6:19-28

하나님의 응답은 확신이 있는 믿음의 사람들의 것이다.

1. 기도하는 사람이 응답을 받음
2. 확신의 믿음에 응답을 받음
3. 하나님께 합하였을 때 응답을 받음

하나님께서 받으실만한 거룩한 삶의 습관을 갖도록 하자.

모든 위로의 하나님 _ 고후 1:3-4

하나님은 지치고 힘든 우리에게 오셔서 안아 주신다.

1. 사랑과 자비
2. 환난 중의 위로
3. 남을 위로하게 하심

환난과 시련에 지친 영혼을 위로해 주시는 하나님을 바라보자.

여호와께 부르짖으니 _ 시 3:1-8

하나님은 우리의 기도를 들어주시는 분이심을 깨달아 믿자.

1. 다윗의 역경, 1-2절
2. 다윗의 믿음, 3절
3. 구체적인 다윗의 믿음, 4-6절

구원과 소망이 하나님께만 있다고 확신하고 낙망하지 말아야겠다.

도움이 어디서 올까 _ 시 121:1-4

인생을 살아가는 길에는 두 길이 있어 우리에게 선택하도록 한다.

1. 시온에 계신 하나님
2. 도움이 되시는 하나님
3. 이스라엘을 지키시는 이

환란을 면하게 하시고, 졸지에 만난 위기에서 건져 주심을 기다리자.

소원대로 되리라 _ 마 15:26-28

예수님을 찾음은 구원의 은혜를 받는 길이다.

1. 예수님께 소리치다
2. 부스러기도 사모하다
3. 큰 믿음을 보이다

물러서지 않는 사모함으로써 하늘의 문이 열리기를 사모하자.

⑨ 가족이 교도소에 수감되어 있는 경우

하나님이 허락하시는 기도문 _ 삼상 1:9-18

우리가 애통할 때, 결코 하나님은 외면하지 않고, 자비를 베푸신다.

1. 애통하는 기도
2. 마음으로 하는 기도
3. 인내하는 기도

눈물을 쏟으며 간구하는 시간의 삶을 결단하자.

은혜와 영화를 주시며 _ 시 84:9-12

하나님께서는 자기의 자녀들을 원수들에게 빼앗기지 않으신다.

1. 여호와의 보호가 있어야
2. 세상과 구별된 삶을 살아야
3. 소망을 통해서 즐거워해야

감당하기 힘든 고난의 시간에도 소망의 기쁨을 잃지 않기를 기도하자.

저를 만족케 하며 _ 시 91:14-16

기도는 하나님과 우리 사이에 연결된 능력의 통로이다.

1. 주를 사랑해야
2. 영적 지식을 가져야
3. 주님의 이름으로 빌어야

성경을 가까이 하고, 성령의 역사로 하나님을 깊이 알기를 사모하자.

지혜가 제일이니 지혜를 얻으라 _ 잠 4:5-7

지혜에 부요하기 위해서 여호와를 경외하라고 하였다.

1. 지혜를 얻으라
2. 오직 여호와를 경외하라
3. 여호와를 높여라

슬기로운 인생이 되려면 지혜를 얻고, 명철해야 한다.

평안을 누리게 하려 _ 요 16:31-33

주님께서는 고난을 이기시고 성도들에게 힘과 소망을 주신다.

1. 담대하라
2. 담대하게 하시는 예수님
3. 고난을 이기신 예수님

고난을 이기신 주님을 의지하여 두려워 말고 감사하기를 결단하자.

위로의 하나님 _ 고후 1:3-4

슬픔 가운데 빠져 방황하는 우리에게 찾아와 주시는 하나님이시다.

1. 자비의 하나님-슬퍼하고 낙심하는 이들을 어루만져주심
2. 환난 중에 위로가 되어 주심
3. 남을 위로하게 하시는 분

하나님은 모든 죄를 용서하시고, 환난 중에 위로하신다.

10. 환자의 심방

① 갑자기 병에 걸리는 경우

재앙의 날에 여호와께서 _ 시 41:1-3

우리는 수난 가운데서 많은 것을 배우게 되고 많은 체험을 얻는다.

1. 재앙의 날에 저를 건져 주시겠다고 하심
2. 원수의 손에 맡기지 않겠다고 하심
3. 쇠약한 병상에서 건져 주시겠다고 하심

역경에 처해 있을 때, 하나님의 손길을 깨달음에 도전하자.

생명을 파멸에서 구속하시고 _ 시 103:1-5

우리가 치료받기 위해서는 치유에 대한 확신이 있어야 한다.

1. 치료를 원하시는 하나님
2. 치료하러 오신 예수님
3. 치료의 은혜

우리의 연약함을 짊어지시고, 질병을 치료하시는 주님을 바라보자.

환자를 메고 온 자들의 신앙 _ 마 9:1-8

병든 자가 있게 될 때, 우리는 수고를 아끼지 말아야 한다.

1. 메고 온 사람은-다른 사람을 불쌍히 여김
2. 그들의 자세는-난관을 돌파한 신앙이 있음
3. 예수님께 보여드린 것은-지붕을 뜯고 진행하려는 간절함

그들에게 있던 생명을 살리고자 하는 마음을 우리의 것으로 삼자.

바람이 거슬리므로 물결을 인하여 _ 마 14:22-33

제자들을 두려움에 빠지게 했던 바람이 예수님 앞에서 조용해졌다.

1. 풍랑이 일어난 바다
2. 두려움에 빠진 제자들
3. 제자들을 안심시키시다

주님은 우리에게 닥쳐온 광풍을 잔잔하게 하심을 소망하자.

조금 나아가 땅에 엎드리어 _ 막 14:32-38

기도는 나의 소원을 아뢰는 것보다 하나님의 뜻을 찾는 것이다.

1. 심히 고민하여 죽게 되었으니
2. 땅에 엎드리어
3. 아버지의 원대로

삶에 위기가 찾아올 때, 여호와의 앞에 엎드리는 은혜를 구하자.

② 불의의 사고로 다치는 경우

이 성전 앞과 주 앞에 서서 _ 대하 20:9

여호와께 간구하면 듣고, 응답하셔서 우환과 질고에서 건져 주신다.

1. 우환과 질고를 피할 수 없는 존재
2. 부르짖음을 들으시는 하나님
3. 구원의 즐거움을 주시는 하나님

주님을 찾는 자들에게 하나님의 구원하시는 은혜가 임함을 기억하자.

그 근심 중에서 _ 시 107:19-22

우리가 갑자기 겪게 되는 위경은 여호와를 찾는 시간이다.

1. 여호와께 부르짖으라
2. 말씀을 보내어 건져주심
3. 건지심을 받았을 때 감사함

어려운 순간에 낙심하지 말고, 하나님께로 나아가자.

우리를 불쌍히 여기소서 _ 마 9:27-31

두 맹인은 예수님께서 자기들의 문제를 해결해주실 것을 기대하였다.

1. 주님의 물음-내가 능히 이 일 할 줄을 믿느냐
2. 믿음을 보여드린 맹인들-그러하오이다
3. 예수님의 선언-너희 믿음대로 되라(마 9:29).

주님께서 ○○○님에게서 믿음을 찾으시는 것에 도전하자.

한센 병자 열 사람 _ 눅 17:11-19

예수님께는 육체의 질병을 다스리는 권세가 있으시다.

1. 복이 된 기회-예수님을 만남
2. 복이 된 말씀-제사장에게 보이라
3. 복이 된 감사 -한 사마리아인

이 어려움을 통해서 구원의 은혜로 누리기를 결단하자.

성전 미문에 앉아 구걸하던 사람 _ 행 3:5-8

오늘, 하나님께서 나를 불쌍히 여기실 때, 기적을 보게 된다.

1. 불쌍히 여기는 마음
2. 예수 그리스도의 이름
3. 일어선 앉은뱅이

하나님께서 나(성도님)를 불쌍히 여겨주시는 은혜를 소망하자.

우리가 환난 중에도 _ 롬 5:3-4

하나님은 성도를 버리지 않으시고 도우시며, 유익하게 하신다.

1. 환난을 통하여 하나님께로
2. 환난을 통해서 믿음에서 믿음으로
3. 환난을 통하여 더욱 큰 인내심으로

환난은 인내를, 인내는 연단을, 연단은 소망을 이룸에 도전하자.

③ 오랜 지병 · 노환의 경우

그를 고쳐 주시옵소서_ 민 12:12-13
비록 죄악으로 말미암아 병이 들었을지라도 불쌍히 여겨주신다.
1. 안타깝게 여기도록 하심-아론의 요청
2. 부르짖어 간구하게 하시는 하나님
3. 부르짖는 자의 간구를 들으시는 하나님

병든 자의 고통을 아파하며 부르짖어 간구하자.

얼굴을 벽으로 향하고_ 사 38:1-6
인간의 질병이 때로는 하나님을 전심으로 찾는 은혜의 시간이다.
1. 주위를 외면하고, 하나님을 찾다
2. 오직 여호와께 구하다
3. 자신을 추억하며 통곡하다

○○○님의 기도를 들으시기까지 눈물로 간구하자.

하나님께 가까이_ 시 73:17-28
성도의 삶은 어떤 시간에도 하나님을 가까이 하는 것이다.
1. 하나님과 멀어져 가고 있지 않나 돌아보자
2. 하나님과 멀리함이 멸망의 시작
3. 하나님을 가까이함을 유지하자

하나님의 곁에 있도록 자신의 위치를 점검하기를 다짐하자.

예수께서 저희 눈을 만지시니 _ 마 20:29-34

하나님은 지금도 나를 불쌍히 여겨주시며, 나에게 주목하신다.

1. 구원을 바라고 소리를 친 소경들
2. 소경들을 나무란 사람들
3. 눈을 뜨게 된 소경들

낙심하지 않으면 나의 간구에 귀를 기울여 응답해 주심을 기억하자.

네 믿음이 너를 구원하였으니 _ 눅 8:40-48

인간은 막을 수 없는 병 때문에 비참한 인생을 살아가기도 한다.

1. 유출병으로 고통을 당하는 여인
2. 예수님의 옷을 만지는 믿음
3. 믿음으로 구원을 받은 여인

○○○님께서 손을 내밀면 치료해 주시는 예수님을 찾자.

네가 낫고자 하느냐? _ 요 5:1-9

하나님의 우리를 향하신 사랑은 병으로 지쳐 있을 때, 찾아오심이다.

1. 병자에게 찾아오신 예수님
2. 네가 낫고자 하느냐고 물으신 예수님
3. 치유를 선포하신 예수님

질병의 고통에 마음을 빼앗기지 말고, 주님의 치료하심을 기대하자.

④ 질병의 고통이 심해지는 경우

백성을 위하여 속죄하고 _ 민 16:41-50
이스라엘 백성이 염병으로 죽게 되었을 때, 아론이 간구하였다.
1. 여호와의 진노로 염병이 시작되다
2. 이스라엘 백성의 죄를 중보하는 아론
3. 그들을 대신하여 속죄하는 아론

○○○님의 치료를 위하여 중보의 무릎을 꿇자.

물린 자마다 그것을 보면 _ 민 21:4-9
하나님의 진노는 잠깐이고, 치료하여 구원해 주신다.
1. 백성을 위하여 기도한 모세
2. 하나님의 처방-놋뱀
3. 놋뱀을 쳐다본즉

하나님께 순종해서 치유의 은혜를 기다리자.

아이를 안고 나가니라 _ 왕하 4:32-27
죽은 아들이 살아남을 통해서 수넴 여인은 엘리사에게 절을 하였다.
1. 아이의 소생을 기다리는 엘리사의 간절함
2. 아이가 일곱 번 재채기하고-생명을 회복시켜 주신 하나님
3. 엘리사에게 절을 한 여인-하나님을 찬양하는 표현

하나님의 하나님이심을 찬양하는 기회가 되기를 기도하자.

소녀의 손을 잡으시매 _ 마 9:23-26

예수님은 죽은 소녀를 깨우시는 하나님의 아들이시다.

1. 예수님을 찾아 온 야이로
2. '잔다' 고 하신 예수님
3. 다시 살아난 소녀

이 기적의 은혜가 ○○○님에게 임하기를 소원하여 간구하자.

한쪽 손 마른 사람 _ 막 3:1-5

주님께서는 안식일의 뜻을 가르치시려고 손 마른 자를 치료하셨다.

1. 안식일의 의미–생명을 구하는 날
2. 율법주의자들의 완악함
3. "네 손을 내밀라 하시니"–회복시켜 주심

○○○님의 치유가 하나님의 일이 되기를 기도하자.

18년 동안 꼬부라진 여인 _ 눅 13:10-13

귀신이 들려 18년 동안 꼬부라져 지내는 여인을 예수님께서 보셨다.

1. 예수님께서 보시다
2. 질병에서 나음을 선포하시다
3. 여자에게 안수하시다

오늘, 하나님께서 ○○○님을 불쌍히 여겨 보시기를 기도하자.

⑤ 병원에 입원 중인 경우

평생을 여호와의 집에서 _ 시 27:4-6

다윗은 일생 동안 하나님의 은혜를 묵상하고 그 은혜를 구하였다.

1. 하나님의 은혜를 구하라
2. 예배하는 삶을 사모하자
3. 회복시켜 주시는 하나님

비록 눈물의 시간일지라도 하나님과의 교제를 갖기를 소원하자.

여인이 일어나서 수종들더라 _ 마 8:14-15

사랑의 주님께서는 손을 내어 밀어 우리를 잡아 주신다.

1. 병자에게 오시는 예수님
2. 그녀의 손을 만져주신 예수님
3. 예수님께 봉사한 베드로의 장모

이제, 이 몸으로 하나님께 영광이 되기를 사모하자.

믿는 자들에게는 _ 막 16:18

주님께서는 승천하시기 전에, 교회에 주님의 이름을 주셨다.

1. 예수님께서 표적을 주시다
2. 예수님의 이름으로
3. 병든 자들에게 손을 얹은즉

여기에 모인 이들은 주님의 이름으로 손을 얹고 간구하자.

병 고치는 은사 _ 고전 12:9

성령의 내주하심으로 말미암은 병 고치는 은사를 감사해야 한다.

1. 교회를 위하여 주신 성령의 은사
2. 성도들을 위하여 사용되어야 하는 은사
3. 병든 자 자신에게도 이 은사가 있음

성령님께서 나의 병을 치유해 주심을 소망하자.

병든 자가 있느냐 _ 약 5:14-16

사람으로서는 할 수 없는 치유를 하나님께서 하신다.

1. 병든 자는 장로를 청하여 기도를 부탁해야
2. 믿음의 기도를 해야
3. 병이 낫기를 위하여 서로 기도해야

우리는 기도의 공동체가 되어 ○○○님을 위하여 간구하자.

그가 채찍에 맞음으로 _ 벧전 2:24

죄인을 구원해주시는 은혜에는 육체의 연약함도 들어있다.

1. 사죄의 은총에 포함된 신유의 은혜
2. 우리의 육체를 위해 주님께서 육체의 고통을 당당하심
3. 채찍에 맞으신 주님을 바라봄

나를 위하여 십자가의 고난을 받으신 주님을 바라보자.

6 수술을 하게 되는 경우

엘리야의 소리를 들으시므로 _ 왕상 17:1-24

하나님께서 응답하실 때까지 부르짖는 기도가 아이를 일으켰다.

1. 여호와께 부르짖는 엘리야 – 아이를 살리려는 간절함
2. 아이 위에 자기 몸을 편 엘리야 – 안수의 적극적인 의미
3. 아이의 혼이 몸으로 돌아옴 – 하나님의 응답

우리의 기도를 하나님께서 들으시도록 간절함으로 부르짖자.

성도의 고초를 아시는 하나님 _ 애 3:19-24

성도는 하나님 앞에서 소망이 아침마다 새로워져서 힘을 얻게 된다.

1. 쑥과 담즙의 시간에
2. 기억하고 묵상하는 하나님
3. 하나님을 가까이 함

치료하심의 은혜가 ○○○ (성도)님께 있으시기를 빌자.

온 갈릴리에 두루 다니사 _ 마 4:23-24

예수님의 사역에서 보여주신 것은 각종 병을 다스리시는 권세이셨다.

1. 잃어버린 양을 찾아다니신 예수님
2. 병자를 고쳐주신 예수님
3. 각종 병자들을 예수님께로 데려온 사람들

병을 고쳐주신 주님께서 일으켜 주실 것을 믿고 기다리자.

삼십팔 년 된 병자 _ 요 5:2-9

주님의 은총은 주님의 시선이 임한 사람에게 임한다.

1. 가엾은 사람
2. 낙심하지 않는 사람
3. 예수님을 바라본 사람

주님의 긍휼하심의 은총이 이 병상에 나타나기를 소망하자.

병 낫기를 위해 _ 약 5:14-18

"주의 이름으로 기름을 바르며 위하여 기도할지니라"라고 하였다.

1. 주의 이름으로
2. 믿음의 기도
3. 의인의 간구

주님께서 응답으로 ㅇㅇㅇ님을 일으켜 주실 것을 믿자.

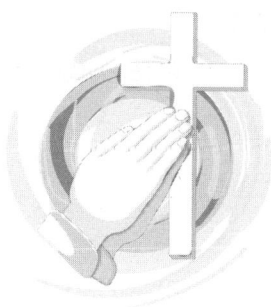

⑦ 치료 후 회복기의 경우

말씀에 순종하여 _ 창 12:1-4
치료를 통해서 새 삶을 시작하니 아브라함의 떠남을 경험해야 한다.
1. 인간적인 의존심을 온전히 버림
2. 하나님의 언약에 온전히 신뢰함
3. 여호와의 명하시는 곳으로 옮김

하나님의 말씀에 인생을 맡길 것을 도전하자.

형통함에 이르는 길 _ 창 39:1-5
제 2의 인생을 살게 된 기회를 형통함으로 축복해야 한다.
1. 범사에 주를 인정해야
2. 여호와의 도우심을 의뢰해야
3. 거룩하게 자신을 구별해야

어떤 상황에서든지 하나님 앞에서 살아가기를 도전하자.

의인의 장막 _ 시 118:15-16
잃었던 건강을 회복했으니 자신의 삶이 거룩하게 되어야 한다.
1. 영적인 기쁨이 충만하도록
2. 주께서 베풀어주시는 능력을 받도록
3. 거룩하여 실족하지 않도록

하나님께서 친히 나의 발걸음을 인도해주시도록 도전하자.

칭찬과 상급을 기대하라 _ 마 25:21-30
우리의 인생에 대하여 하나님께서는 칭찬과 상급을 준비하셨다.
1. 주인의 뜻을 좇을 때 받음
2. 나의 직무에 충실할 때 받음
3. 나의 행함에 따라 더 큰일을 위임받음

내 인생의 시간에, 충성을 다할 것을 도전하자.

맡은 일에 충성하라 _ 고전 4:2-5
우리의 삶은 여호와께 충성을 다하는 것이어야 한다.
1. 나에게 시간을 맡겨주신 하나님-삶에 대한 책임의식
2. 내가 해야 될 일을 깨닫게 하신 하나님
3. 하나님의 시간에 회계하심

나는 인생의 시간으로 보내심을 받았다고 생각하자.

여호와께 존귀한 도구 _ 딤후 2:20-21
하나님 앞에서 회복된 건강의 의미를 깨달아야 한다.
1. 죄와 불의를 멀리해야-지난날에는 혹시 실수했을지라도
2. 주의 도우심을 의뢰해야-자만했던 지난 시간을 거절함
3. 나를 위한 상급을 소망해야-하나님의 보상을 잊지 않음

옛 습관을 거절하고, 하나님의 선한 도구가 될 것을 도전하자.

11. 자녀의 축복 - 학업과 관련한 심방

① 자녀를 축복하는 부모

하나님께서 함께 하시는 사람 _ 단 1:4-7

하나님은 자기에게 합한 사람과 함께 하신다.

1. 하나님께서 길을 열어 주셔야, 4절
2. 신앙이 흔들림이 없어야, 5절
3. 주변에 좋은 친구가 있어야, 6절

하나님께서 동행해주시는 사람이 되기를 도전하자.

사랑의 의미 _ 롬 13:8-10

기본적으로 인간관계를 이루게 하는 것은 사랑이다.

1. 모든 사람은 사랑으로 관계를 맺음
2. 사랑을 실천하는데서 행복해짐
3. 사랑을 주고받음에서 율법이 완성됨

이웃을 대할 때, 사랑으로 나아가기를 도전하자.

나를 위한 하나님의 은혜 _ 고전 15:9-10

성도는 매일의 삶에서 하나님의 은혜를 볼 수 있어야 한다.

1. 하나님의 은혜에 빚진 자의 심정으로 살다
2. 하나님의 은혜에 보답하여 더 많이 수고를 하다
3. 하나님의 은혜에는 실패가 없다는 것을 알다

하나님의 은혜로 승리하게 되는 것을 바라보자.

복음에 합당하도록 _ 빌 1:25-30

진정한 신앙생활은 복음에 합당한 삶이라는 것을 기억해야 한다.

1. 복음을 위해 협력하는 삶
2. 대적을 두려워하지 않는 삶
3. 고난도 함께 하는 삶

십자가의 길에서 요동하지 않기를 도전하자

나그네 인생 _ 벧전 2:11

여호와께 자신의 인생이 무엇인지를 깨닫도록 가르쳐야 한다.

1. 나의 인생은 세상에서의 전부가 아님을 배워야
2. 육체의 정욕을 다스리는 것을 배워야
3. 주의 나라를 위해서 자신이 준비되어야함을 배워야

사랑하는 자녀가 주의 나라를 위해서 준비되도록 기도하자.

② 부모를 공경하는 자녀

네 부모를 공경하라 _ 출 20:12
하나님을 사랑하는 사람은 부모를 공경해야 한다.
1. 선조에게 감사하는 우리들
2. 선조의 훌륭한 점을 기림
3. 네 하나님 여호와가 네게 준 땅에서

부모를 공경하라는 약속에 들어있는 복을 소망하자.

센 머리 앞에 일어서고 _ 레 19:32
부모를 공경함에서 자녀들은 행실의 윤리를 익히게 된다.
1. 젊은이들은 노인을 공경함에서 공경을 배우게 됨
2. 자신의 주위에는 공경해야 될 사람이 있음을 깨닫게 됨
3. 자신의 행실을 주의하게 됨

자녀들이 방종하지 않도록 공경할 것을 가르치자.

하나님의 도우심 _ 대상 29:26-30
성도의 관점은 인간의 능력보다는 하나님의 은혜에 초점을 맞춘다.
1. 다윗은 하나님의 은혜로 온 이스라엘을 다스리다
2. 다윗은 나이 많아 늙도록 부와 존귀를 누리다
3. 다윗의 시종 행적이 책에 기록되다

하나님의 책에 낱낱이 기록되는 우리의 행위에 대하여 주의하자.

네 부모를 즐겁게 _ 잠 23:25

자녀는 부모를 공경함에서 인간관계의 윤리를 깨닫게 된다.

1. 부모를 공경함에서 자신의 위치를 잃지 않음
2. 자신의 생명이 부모와 연결되어 있음에 긍지를 가짐
3. 제1의 이웃인 부모를 사랑하게 됨

부모를 공경하게 하여 자신의 정체성을 찾도록 도와주자.

네 부모를 공경하라 _ 엡 6:1-3

성도는 부모를 공경함에서 하나님께로 이른다.

1. 왜 부모를 공경해야 하는가–하나님의 명령
2. 부모를 공경하는 방법은–주 안에서
3. 공경한 자의 결과는–잘 되고 땅에서 장수함

부모를 공경함에 모자람은 없었는지를 살피자

장로들에게 순복하고 _ 벧전 5:5

하나님은 자녀들이 연장자에게의 순복을 통해서 겸손하게 하신다.

1. 연장자와의 관계 윤리–순복
2. 순복의 유익–겸손을 배움
3. 순복의 결과–하나님께의 순복을 경험

자녀가 겸손해지도록 기도하는 부모가 되자.

③ 하나님께 존귀한 자녀

물 댄 동산 같은 심령 _ 렘 31:10-14

이스라엘 백성들이 귀환 때, 찬송의 소리가 넘칠 것을 약속하셨다

1. 포로 귀환의 약속
2. 시온의 찬송-회복되는 시온의 모습
3. 여호와의 복으로 시온은 영화롭게 됨

오늘, 나의 삶에 물 댄 동산의 역사가 있기를 사모하자.

가시를 통하여 _ 고후 12:1-10

인간의 약함을 하나님의 은혜의 수단으로 사용하신다.

1. 가시가 은혜가 되도록
2. 가시가 능력이 되도록
3. 가시가 기쁨이 되도록

나의 환난도 하나님의 은혜가 되도록 소망하자.

하나님의 부르심 _ 갈 1:11-24

하나님의 나라를 위하여 일꾼으로 삼으려고 부르신다.

1. 부르심의 동기: 은혜로 불러주심, 15절
2. 부르심의 목적: 복음의 변증, 16절
3. 부르심의 결과: 하나님께 영광, 24절

나의 나됨이 하나님께 영광이 되기를 다짐하자.

사람이 의롭게 되는 것은 _ 갈 2:16-21

진리에 기초한 신앙으로 살아가야 한다.

1. 신앙의 소신을 갖고 사는 것, 16절
2. 가르친 대로 사는 것, 18절
3. 인생 최고의 목표를 주께 두는 것, 20절

믿음이 있는 사람이라고 말할 수 있는지 자기를 돌아보자.

하나님의 뜻을 알려하는 자세 _ 엡 5:15-21

성도는 자신의 인생에서 자기에게 부여된 하나님의 뜻을 알아야 한다.

1. 하나님의 뜻을 받아들일 자세가 되어 있어야
2. 하나님의 뜻에 의해서 소원을 일으켜야
3. 자기의 소원이 하나님의 말씀과 일치해야

하나님의 뜻에 순종하겠다는 마음을 지니기를 도전하자.

선한 일군이 되려면 _ 딤전 4:1-16

말씀과 기도로 거룩해지고, 선한 일군이 되도록 노력해야 한다.

1. 경건에 이르기를 연습해야
2. 믿는 자에게 본이 되어야
3. 믿음의 진보를 나타내어야

나를 사용하여 일하실 하나님을 기대하자.

4 학교 입학

예수님의 흔적을 가짐 _ 갈 6:11-18

하나님의 사람으로 살아가겠다면 응당 주님의 흔적이 있어야 한다.

1. 나의 심령에 예수님의 흔적이
2. 나의 얼굴에 예수님의 흔적이
3. 나의 성격에 예수님의 흔적이

나에게 예수님의 흔적이 새겨지도록 도전하자.

부름의 상을 위하여 _ 빌 3:7-12

예수님을 주님이라 한 것은 자신을 주님께 굴복시킨다는 의미이다.

1. 내 주 되신 예수님
2. 예수님을 아는 지식
3. 약속되어 있는 상급

예수님에 대한 지식은 우리의 인격을 새롭게, 고상하게 한다.

이스라엘이라 부를 것이니 _ 창 32:24-32

성도는 하나님 앞에서 삶에 대한 결단의 시간을 가져야 한다.

1. 야곱은 홀로 남았더니-씨름으로 표현된 기도의 의미
2. 야곱의 허벅지 관절을 치매-하나님만 의지하게 하심
3. 당신이 내게 축복하지 아니하면-야곱의 끈질김

오늘, 나를 위하시는 하나님의 계획에 결단하자.

아침부터 지금까지_ 룻 2:7

자기 직분을 열심히 섬기는 이들에게 길을 열어 주신다.

1. 열심히 일하는 모습에
2. 두려워하지 않고 일하는 모습에
3. 부끄러워하지 않고 일하는 모습에

나의 직무를 감당하는 열심에 도전하자.

임마누엘 하나님_ 시 46:7-11

하나님은 우리와 함께 하시기를 원하시므로 임마누엘이라 하셨다.

1. 우리를 사랑하여 함께 하시려는 하나님
2. 함께 한 자들에게 복을 주시는 하나님
3. 지금도 우리와 함께 하시는 하나님

오늘, 나에게 동행해 주시는 하나님을 주목하자.

하나님에게 소망을 두는 자_ 시 146:1-5

하나님과의 관계를 찬송과 소망을 둠으로 지속해야 한다.

1. 하나님께 찬송을 드려 본분을 지킴
2. 의지할 대상이 되지 않는 인생
3. 나의 소망은 오직 하나님

소망을 하나님께 두어 복 있는 자가 되기에 도전하자.

5 학교 졸업

여호와 앞에 서는 은혜 _ 대하 31:2-10

하나님의 말씀에 충실하면, 그만큼 인생의 삶에는 평안하게 된다.
1. 우상을 척결하는 은혜
2. 하나님의 종들을 섬기는 은혜
3. 순종하여 섬기는 은혜

우상을 버리고, 하나님 앞에서 살기를 작정하자.

지혜로운 인생 _ 잠 3:5-6

학문을 연마하는 시간을 통해서 여호와께 지혜를 구해야 한다.
1. 여호와를 의뢰하는 학업
2. 범사에 주를 인정하는 학업
3. 하나님의 이도에 순종하려는 학업

오늘, 하나님의 학교 학생으로 졸업하라!

나의 유익을 구하지 말고 _ 고전 1:31-33

공부를 한다는 것은 하나님께 영광, 사회에 유익을 주려 함이다.
1. 학업에의 목표-하나님을 영화롭게
2. 다른 사람들에 대하여-유익을 끼치는 인생
3. 나 자신의 유익을 거절함

내 인생은 하나님의 것이라는 사실에 다시 도전하자.

모든 것으로 충만한 복 _ 엡 3:14-19

하나님의 은혜로 충만하여 열매가 풍성한 삶을 살아야 한다.

1. 모든 육체에 부어주심을 약속하신 성령의 충만
2. 은혜와 진리로 충만
3. 십자가에서 보여주셨던 주님의 사랑으로 충만

하늘을 사모하는 마음으로 충만하기를 결단하자.

구원을 이루는 생활 _ 빌 2:12-18

구원 얻은 성도는 세상에서 빛이 되기 위하여 순전해야 한다.

1. 생명의 말씀을 밝히는 사람
2. 연약한 자를 위해서 봉사하는 사람
3. 하나님을 기쁘게 하는 사람

하나님의 기쁘신 뜻을 위하여 소원을 갖도록 하자.

이제, 또 새로운 출발을 _ 빌 3:12-14

나의 인생에 간섭하시며, 인도하시는 하나님 앞에서 열심을 다하자.

1. 경계되어야 하는 자만
2. 완성이 없는 인생의 목표
3. 나를 사용하시려는 하나님의 의도

인생이라는 시간은 두 번 주어지는 법이 없음을 깨닫자.

6 대학입학 수험생

주신 복을 즐거워하라 _ 신 16:9-12

하나님께서 베풀어주신 것을 헤아리면 감사하게 된다.

1. 복을 주신 하나님
2. 예물을 드림-하나님의 은혜에 대한 반응
3. 여호와 앞에서 즐거워함

하나님의 은혜를 생각하면서 즐거운 마음으로 감사하자.

심고 거두는 일을 _ 갈 6:7-10

성도의 삶에도 열매를 거두기 위해서 부지런해야 한다.

1. 심는 일을 게을리 말자
2. 거름을 주는 일을 게을리 말자
3. 돌보는 일을 게을리 말자

수고하기를 게을리 않기를 도전하자.

온전한 사람을 이룸 _ 엡 4:13-16

하나님 앞에서 그리스도의 장성한 분량에 이르기까지 자라야 한다.

1. 장성한 분량이 충만한 데까지
2. 믿는 것과 아는 것
3. 어린 아이의 일을 버림

살아가는 시간만큼 온전함을 사모하기를 도전하자.

지혜 있는 자같이 행하라 _ 엡 5:15-21

어리석은 자처럼 행하지 않도록 주의해야 한다.

1. 지혜롭게 행하기를 원하시는 하나님
2. 지혜 있는 자의 삶을 사모해야
3. 지혜롭게 사는 자-세월을 아끼는 사람

하나님을 경외하며 지내도록 다짐하자.

이제는 버려야 할 것들 _ 빌 3:12-14

이제까지는 어떠하였을지라도 하나님의 은혜 안에 있음을 기억하자.

1. 정죄의식을 버려야
2. 열등의식을 버려야
3. 과거의 영광을 버려야

하나님께서 나에게 주실 미래의 영광을 생각하자.

우리에게 주신 은혜대로 _ 딤후 1:7-9

주님께서 나를 세워주심에는 하나님의 요구하심이 있다.

1. 주님의 능력을 소유해야
2. 주님의 고난에 참예해야
3. 주님의 은혜에 감사해야

기쁨을 누리게 된 것은 주의 은혜로 그리 하셨음을 깨닫자.

7 학위의 취득

내가 네게 명한 것이 아니냐 _ 수 1:1-9

나의 인생에 계획을 갖고 계신 하나님을 묵상해야 한다.

1. 하나님의 뜻을 여쭈어야
2. 하나님을 온전히 의뢰해야
3. 하나님의 계획에 순종해야

학위의 취득은 새로운 시작이라는 것에 도전하자.

힘써 달음질하라 _ 고전 9:24-25

이제, 학문을 완성했으니, 더욱 진보를 나타내 보여야 할 것이다.

1. 상을 얻기까지 달음질해야
2. 하나님의 의도하심에 따라 달음질해야
3. 하나님께 영광이 되도록 달음질해야

성취하기 위해서 항상 달리는 최선의 삶에 도전하자.

믿음이 자라는 성도 _ 엡 4:11-16

우리는 그리스도의 장성한 분량에까지 자라나야 한다.

1. 말씀 생활을 해야
2. 기도 생활을 해야
3. 봉사 생활을 해야

건강한 신앙인이 되기 위하여 결단하자.

확신 있는 삶 _ 빌 4:13

하늘에 속한 사람이란 옛사람을 벗은 의식의 전환을 가리킨다.

1. 간절한 소원이 있어야
2. 확실한 믿음이 있어야
3. 즉각적인 행동이 있어야

하나님의 은혜로 살아가고 있음에 자족하자.

하나님의 자녀의 마음가짐 _ 골 3:12-17

예수님께서 보여주신 인격적인 모습은 성도가 따를 마음자세이다.

1. 평강이 마음을 주장하도록
2. 주님의 은혜로 받아들이도록
3. 무엇을 하든지 주님의 이름으로

하나님께서 나를 주관해주시도록 올려드리자.

세세토록 주의 말씀 _ 벧전 1:23-25

죄인이었을 때, 죽음의 형벌이 내려졌고, 사람은 한번은 죽는다.

1. 풀과 같은 육체–인간은 유한한 존재
2. 풀의 꽃과 같은 영광–어떤 영광도 오래 가지 않음
3. 영원한 말씀–의인이 되도록 하심

영원히 있는 것에 마음을 두기를 결단하자.

8 직업선택 준비

여호와는 나의 하나님 _ 창 28:16-22

하나님이 함께 하시면 그의 길이 평탄하고 형통하게 된다.

1. 쫓겨 가는 길의 야곱
2. 하나님의 사자-하나님께서 함께 하심
3. 하나님의 선언-하나님께로부터 놀라운 약속을 받음

오늘, 나와 함께 해주시는 하나님을 잊지 말자.

성령으로 살고, 행하라 _ 갈 5:22-26

주님을 따르는 제자들은 가지이므로 예수님께 붙어 있어야 한다.

1. 나무와 가지-성도는 주님과 연결되어 있어야
2. 성령의 열매-성령의 소욕은 육체를 거스림
3. 십자가에 못박으라-성령님께 충만해야

성령님의 충만하심을 사모하며 살아가기를 도전하자.

공력을 밝히는 날 _ 고전 3:10-17

하나님의 날에 우리의 행한 대로 다 드러난다.

1. 건축자라는 사실을 알아야
2. 불에 타지 않는 재료를 써야
3. 거룩한 것을 거룩 되게 해야

하나님의 영광을 위해서 수고할 준비를 하기를 결단하자.

영적 전쟁에서 승리하려면 _ 엡 6:10-20

우리는 군병이 되어서 영적으로 전투에 임해야 한다.

1. 사탄을 대적하기 위해서
2. 하나님의 전신갑주를 입음으로
3. 사탄을 무찌르고, 이길 때까지

영적 군사로서 사탄을 대적하기 위한 준비를 하자.

나를 인도하시는 하나님 _ 빌 4:4-9

성도는 환경을 보지 않고, 그것을 사용하시는 하나님을 바라본다.

1. 항상 기뻐해야
2. 관용을 나타내어야
3. 기도와 감사의 삶이어야

나의 삶과 시간을 주관하시는 하나님을 인정해 드리자.

성도의 감사 내용 _ 골 3:15-17

하나님께서 내게 주신 은총은 감사의 주제가 되어야 한다.

1. 주의 은혜로 구원받았기에 감사
2. 하나님의 뜻이기에 감사
3. 천국에의 소망을 주시기에 감사

오늘, 천국 백성이 되었음에 찬양을 드리자.

9 고시 준비

세상 신과 복음의 광채 _ 고후 4:1-6

영들을 분별할 줄 아는 지식을 구비해야 한다.

1. 바로 알고 있어야 할 이 세상의 신
2. 하나님의 영광을 아는 빛
3. 이 세상의 영광과 하나님의 영광을 분별할 줄 알아야

세상의 것들을 버리기 위하여 결단하자.

기도의 부탁 _ 엡 6:18-20

성도는 기도를 통해서 하나님께 가까이 나아가야 한다.

1. 하나님의 능력을 받음
2. 외식에 빠지지 않도록
3. 감사와 회개로 들어감

하나님의 능력을 덧입기 위하여 기도에 깨어있기를 간구하자.

경주자가 알아야 할 것 _ 빌 3:7-16

성경은 그리스도인의 삶을 경주에 비유하고 있다.

1. 경주의 목표: 온전해 지는 것
2. 경주의 법칙: 하나님의 말씀
3. 이기는 자에게 약속된 상급

나를 위하여 예비되어 있는 상급을 바라보자.

기도의 사람 누가 _ 골 4:14

성도를 성도로 살아가도록 하는 것은 기도이다.

1. 모든 것에 겸손한 사람
2. 하나님의 사랑을 받은 사람
3. 충성을 다하는 진실된 사람

하나님께서 받으실 만한 사람이 되려는 도전을 하자.

넉넉하게 채워 주시는 하나님 _ 빌 4:15-20

하나님께서는 성도에게 고난 속에서도 기쁨을 누리게 하셨다.

1. 하나님의 기쁨
2. 능력주시는 자 안에서
3. 바울의 감사

고난을 통해 더욱 하나님의 사람으로 성숙됨에 도전하자.

부족하거든 하나님께 구하라 _ 약 1:5-8

내가 부족하다고 할 때, 하나님께서 채워주시는 시간이 된다.

1. 부족함을 아는 은혜
2. 하나님께 구하는 은혜
3. 의심하지 않는 은혜

하나님께 믿음으로 구하여 응답을 받음에 도전하자.

⑩ 취업

하나님의 사람을 대접하라 _ 왕하 4:8-17

하나님께 구별된 종들은 오직 성도들로부터 대접을 받아야 한다.

1. 한 여인의 집에 들어간 엘리사
2. 방을 마련해 준 부부의 공궤
3. 엘리사의 축복

하나님의 종들을 대접하려는 마음을 갖도록 도전하자.

여호와를 하나님으로 삼는 백성 _ 시 144:12-15

가정에 임하는 하나님의 은총은 자녀들이 바르게 성장하는 것이다.

1. 자녀들에게 임하는 복-하나님의 은혜로 성장함
2. 소용에 임하는 복-손으로 하는 모든 일에 복을 받음
3. 복을 주시는 하나님-여호와를 자기 하나님으로 섬김

믿음으로 살았던 아들을 따라서 하나님만 섬기기를 결단하자.

곧 열어 주려고 기다리는 사람 _ 눅 12:35-40

성경은 우리가 주님을 맞이할 준비를 해야 할 것을 교훈하셨다.

1. 허리에 띠를 띠고
2. 곧 열어 주려고 기다리는 사람
3. 생각하지 않은 때에

오늘, 주님을 맞이하는 날일지도 모른다는 마음을 품자.

사망에서 생명으로 _ 요 5:24-29

예수님의 은혜로 우리는 영원에 이를 수 있다.

1. 영육이 영원히 살기 위해
2. 예수님을 믿은 자는
3. 영광스런 몸의 부활을

주님의 십자가로 인하여 영생을 선물로 받았음에 감사하자.

좋은 소문을 내는 성도 _ 살전 1:2-10

하나님께 인정받는 성도의 삶에는 거룩한 특징이 있다.

1. 믿음의 역사가 있어야
2. 사랑의 수고가 있어야
3. 소망의 인내가 있어야

오늘, 나에게서는 어떤 수고의 모습이 보일런지를 묵상하자.

양심을 마비시키는 것 _ 딤전 1:18-20

하나님 앞에서 성령이 떠나지 않도록 양심을 지켜야 한다.

1. 인간의 탐욕
2. 인간의 정욕
3. 인간의 죄악

양심은 하나님의 음성에 예민하도록 죄를 거절하자.

12. 가정 행사의 심방

① 약혼

둘이 한 몸을 _ 창 2:21-25
남자는 여자를 대할 때, 자신의 몸의 일부로 받아야 한다.
1. 돕는 배필이 없음으로
2. 내 뼈 중의 뼈요 살 중의 살이라
3. 그 아내와 연합하여

부부는 서로를 존중하며 한 몸으로 살아가도록 기도하자.

들에 나가 묵상하다가 _ 창 24:63-65
자신의 의무를 소홀하게 여기는 사람은 인정을 받지 못한다.
1. 하나님께 대한 의무를 다함
2. 하나님께서 명하신 질서에 순복함
3. 때가 되기까지 기다림

성도의 의무는 하나님이 원하시는 가정을 이루는데 있다.

너희 하나님 여호와께로 _ 욜 2:12-14

하나님께서는 복을 주시려고 우리에게 돌아오라 하신다.

1. 하나님께 돌아옴에 약속된 복
2. 회개함에 약속된 복
3. 예물을 봉헌함에 약속된 복

나에게 복을 주시는 아버지를 바라보자.

그를 드러내지 아니하고 _ 마 1:18-21

결혼을 준비함에는 신중하고, 상대를 배려하며 처리해야 한다.

1. 주의 뜻을 묻다-정혼자의 부정에 대하여
2. 상대방의 입장을 고려하다-관계를 가만히 끊으려 함
3. 허물을 덮어 주도록 하다

어려운 일이 있을 때, 배우자를 먼저 생각하자.

부활을 바라보는 자 _ 히 11:32-40

이 땅에서 살아있는 동안에 생각할 것은 하나님의 나라다.

1. 성도와 하나님의 나라
2. 하나님의 나라와 부활
3. 부활을 바라보는 자의 삶

주님 앞에 설 때, 흠과 점이 없기를 도전하자.

② 결혼

리브가에게 축복하여 _ 창 24:57-60

리브가는 주의 뜻임을 알고 묵묵히 좇기로 결심하였다.

1. 주의 뜻에 복종하다
2. 패물과 의복을 선물로 받다
3. 시일을 지체하지 아니하다

성도의 결혼은 주의 뜻을 따르고, 덕을 세우며 행해져야 한다.

배우자를 위한 중보 기도 _ 출 32:1-14

남을 위하여 기도하는 것은 자기에게도 유익하다는 것을 깨닫는다.

1. 타락한 백성을 위하여 간구하다
2. 진노 받는 백성을 위하여 간구하다
3. 하나님의 뜻을 돌이켜 달라고 간구하다

주님의 사랑으로 배우자를 위하여 기도하기를 소망하자.

진주보다 더하니라 _ 잠 31:10-12

여자가 결혼해서 현모가 되고 양처가 된다는 것은 행복이다.

1. 근면하고 성실해야
2. 가족을 위한 선행에 힘써야
3. 하나님을 경외해야

하나님의 사람은 가족 앞에서 여호와를 경외하는 자이다.

둘이 아니요 한 몸이니 _ 마 19:5-6

부부는 어떠한 경우에도 자기를 주장하여 둘이 되도록 나눌 수 없다.

1. 하나님의 의도
2. 배우자에 대한 거룩함의 유지
3. 나눌 수 없는 관계

부부로 살아가도록 하신 하나님의 은혜를 묵상하며 살기에 힘쓰자.

아내를 사랑하고, 남편을 경외하라 _ 엡 5:22-27

예수님께서 교회의 머리이심과 같이 남편은 아내에게 머리가 된다.

1. 남편에게 복종하기를
2. 아내 사랑하기를
3. 그 둘이 한 육체가

부부가 된 두 사람은 이제 둘이 아니라 한 몸이 되어야 한다!

복에 복을 받으려면 _ 히 6:11-12

하나님 앞에서 복이 되는 삶을 살아야 한다.

1. 하나님 앞에서 성실한 믿음
2. 하나님께 소망을 두는 믿음
3. 하나님의 약속에 인내의 믿음

하나님의 약속을 바라보고 보고 헌신하기를 다짐하자.

③ 재혼

금 신상에 절하지 말라 _ 단 3:13-18

성도는 하나님께서 미워하시는 일을 절대 할 수 없다.

1. 느부갓네살의 금 신상
2. 절하기를 거절함
3. 하나님의 구원하심을 믿음

하나님께서 미워하시는 일을 하지 않으려는 다짐을 하자.

감사함으로 살아가는 시간 _ 시 84:9-12

하나님께서는 사랑하시는 자에게 평생을 복되게 하신다.

1. 주 안에서의 보호를 받았음에 감사
2. 세상에서 구별되게 살아왔음에 감사
3. 소망으로 지금까지 살아온 것에 감사

여호와의 은혜는 자기 백성을 지켜주심이다.

이상적인 부부 _ 시 128:1-4

부부는 먼저 하나님 앞에서 성도의 신분을 지켜야 한다.

1. 여호와의 말씀을 좇아서 행함
2. 그 응답으로 여호와의 형통케 하심을 봄
3. 자손 후대가 복을 누림의 약속에 들어감

부부의 삶은 두 사람으로 그치지 않고, 자손에게까지 이어진다.

그 둘이 한 육체가 될지니 _ 엡 5:22-33

부부가 되었으니, 이제 둘이 한 육체를 이루어야 한다.

1. 아내의 의무
2. 남편의 의무
3. 둘이 한 육체

자신의 뜻만 내세우지 말고, 배우자에게 자기를 맞춤에 도전하자.

쾌락을 사랑하지 말라 _ 딤후 3;1-4

부부에 대한 애정과 신뢰로 자신의 책임을 다해야 한다.

1. 부부에 대한 예의
2. 육체를 거스르는 죄
3. 쾌락을 거절하라

부부는 성의 즐거움을 통해서 서로의 사랑을 풍성히 하게 된다.

그리스도인의 안식 _ 히 4:1-11

우리는 늘 여호와의 안식을 누리며 살아가야 한다.

1. 안식을 하나님의 창조의 완성으로 믿어야
2. 안식에 대한 하나님의 약속을 믿어야
3. 안식에 들어가기를 힘써야

나의 삶을 주님께 맡기고, 의지하기를 결단하자.

④ 새 가정 축복

벧엘에 찾아오신 하나님 _ 창 28:10-15

하나님은 야곱에게 함께 하시겠다고 약속하셨다.

1. 야곱이 외로울 때 찾아오심
2. 야곱과 동행하시겠다고 약속하심
3. 야곱에게 형통을 보장해주심

나의 삶에서 하나님께서 함께 해주시기를 소망하자.

기름의 역할 _ 출 30:25-33

하나님의 일에는 성령의 충만함이 전제되어야 한다.

1. 구별이 되게 하는 은혜, 25절
2. 구별이 되게 하는 역할, 28절
3. 주의 일을 하게 함, 30절

하나님의 일을 감당하기 위해서 성령님의 충만을 소원하자.

내가 새벽을 깨우리로다 _ 시 57:1-9

나의 마음이 여호와께 확정되었음을 고백하는 기도로 나아가야 한다.

1. 새벽을 깨우겠다는 결단
2. 마음의 확정
3. 노래하며 찬송함

여호와의 손이 함께 하셔서 형통한 하루를 보게 될 것을 기대하자.

하나님이 받으실 만한 일 _ 딤전 2:1-7

성도는 한 지체가 되어있는 이들을 위해서 기도해야 한다.

1. 배우자와 가족을 위해 기도하라
2. 나라의 지도자를 위해 기도하라
3. 하나님의 뜻에 순종하라

믿음이 자손들에게 이어지기를 주님의 이름으로 축복한다.

하나님이 우리를 부르심은 _ 딤후 1:9-14

우리를 구원하시고, 자녀가 되게 하신 뜻을 깨달아야 한다.

1. 나를 자녀라 부르심
2. 한 곳에 모여 교회가 되게 하심
3. 맡겨주신 일을 감당하라 하심

주님께 부탁을 받은 일을 즐겁게 감당하자.

하나님의 뜻대로 받는 고난 _ 벧전 4:12-19

예수님께서 오시는 날에, 즐거워하고 기뻐하도록 히자.

1. 그리스도와 고난
2. 그리스도의 이름으로 받는 욕
3. 십자가의 삶

주님의 고난이 나의 것이 되어 십자가를 지는 은혜를 사모하자.

⑤ 자녀의 분가

땅에 충만하라 _ 창 1:27-28

하나님께서는 인간에게 창조하신 세계를 지배하고 다스리게 하셨다.

1. 하나님의 형상대로 창조하심
2. 남자와 여자로 창조하심
3. 그들에게 복을 주심

하나님 앞에서 인간의 위치와 본분을 깨닫기를 기도하자.

일꾼을 세우시는 하나님 _ 출 29:1-9

하나님께서는 지상에서 하나님의 일을 감당하도록 일꾼을 세우신다.

1. 일할 자격을 위임한다는 의미, 1절
2. 깨끗해야 한다는 의미, 4절
3. 성령께서 함께 하심의 의미, 7절

교회 안에서 일꾼으로 직분을 받았다면 서로 동역하기를 기도하자.

이상적인 가정 _ 엡 5:22-6:4

하나님의 말씀에서 가정생활의 표준을 찾아야 한다.

1. 부모에 대한 윤리: 공경
2. 부부에 대한 윤리: 사랑
3. 부자간의 윤리: 주의 훈계로 양육

우리 가정에 하나님의 뜻이 나타나도록 기도하자.

그리스도의 남은 고난 _ 골 1:24-29

그리스도의 남은 고난을 우리 몸에 담아야 한다.

1. 고난을 받는 교회 일꾼
2. 영광스러운 교회 일꾼
3. 사랑스러운 교회 일꾼

하나님과 교회를 위하여 봉사하기를 결단하자.

신앙고백으로 살아라 _ 고전 15:9-11

하나님 앞에서 자신이 누구인지를 고백하는 것이 선행되어야 한다.

1. 지극히 작은 자
2. 하나님의 은혜
3. 죽는 자

하나님의 은혜로만 살아가기를 도전하자.

형제를 사랑하는 자 _ 요일 3:13-19

사랑을 통해서 스스로 구원의 확증을 갖고, 믿음의 삶을 살게 된다.

1. 구원을 받은 증거
2. 영생이 없는 사람
3. 목숨을 버려라

서로를 주 안에서 형제로 받아 사랑하기를 다짐하자.

6 이사

오늘, 나에게 순조롭게 _ 창 24:10-14

충성을 다하는 종이 되는 지름길은 기도에서 시작된다.

1. 기도의 사람: ○○○ 님의 거룩한 습관
2. 지혜의 사람: ○○○ 님의 믿음의 길
3. 감사의 사람: ○○○ 님의 열납이 되는 삶

하나님의 은혜를 묵상하면서 감사하는 삶을 결단하자.

꿈을 꾸고 해석을 구하다 _ 창 40:9-15

하나님은 인간의 절규를 외면하지 않으신다.

1. 자신이 히브리인이라는 절규
2. 자신의 무죄함을 위한 절규
3. 자기에게의 도움을 위한 절규

나에게 절규하게 하시는 하나님 앞에서 부르짖자.

등불을 켜라 _ 출 27:20-21

우리는 착한 행실로 하나님께 주의 등불을 밝혀야 한다.

1. 순결한 기름으로 불을 켜야
2. 하나님 앞에서 불을 켜야
3. 꺼지지 않도록 불을 켜야

내가 하나님 앞에서 켜야 할 등불에 늘 민감하기를 기도하자.

의인의 장막에 기쁜 소리 _ 시 118:15-16

영적인 기쁨은 오직 의인들에게만 허락되는 하늘의 복이다.

　1. 영적인 기쁨이 충만함

　2. 주님께서 능력을 배푸심

　3. 영원히 실족하지 않음

나를 위하시는 하나님의 응답을 소망 중에 기다리자.

끝까지 사랑하시니라 _ 요 13:1

하나님의 사랑이 예수님을 통해서 우리에게 나타나셨다.

　1. 사랑의 하나님

　2. 끝까지 사랑하시는 하나님

　3. 복을 베풀어 주시는 하나님

우리를 놓으시지 않으시는 하나님을 의지하자.

하나님께서 받으실 만한 일 _ 딤전 2:1-4

우리를 평안하게 하심은 천국 백성의 삶에 소망을 갖게 하심이다.

　1. 우리가 먼저 힘써야 할 기도

　2. 어떻게 기도할까?

　3. 누구를 위한 간청인가?

우리 집을 성전으로 삼고, 기도를 제일 먼저 힘쓰자.

7 이민

여인을 가까이 하지 않다 _ 창 20:1-7

사람은 실수가 많지만 하나님의 도우심은 여전하시다.

1. 하나님께서 아비멜렉에게 경고하심, 3절
2. 아비멜렉을 막아 죄를 짓지 못하게 하심, 6절
3. 아비멜렉이 깨끗하게 돌려보냄

죄를 막아 주시는 하나님을 기대하며 살아가자.

앙장으로 성막을 덮으라 _ 출 26:1-14

우리는 하나님 앞에서 예배하는 삶에 부족함이 없어야 한다.

1. 법궤를 둘 거처를 만들어야, 1절
2. 앙장으로 덮어야, 3-7절
3. 내부를 단장하게 해야, 15절

구원을 받은 은혜에 감사하면서 예배에 임하기를 다짐하자.

성도의 인간관계는 효도 _ 딤전 5:3-8

성도는 교회 공동체에 안에서 효도하는 사람들이다.

1. 부모님의 은혜에 보답할 일
2. 배우게 하고, 가르쳐야 하는 효도
3. 하나님께서 받으실 덕행

효도를 통해서 하나님께로 나아가도록 하자.

성도가 가져야 할 생활원칙 _ 살전 5:16-22

천국 백성이 이 땅에서 가져야 할 삶의 자세가 있다.

1. 항상 기뻐하는 생활
2. 쉬지 않고 기도하는 생활
3. 범사에 감사하는 생활

신앙에 요동하지 않기 위한 거룩한 습관에 도전하자.

먼저 믿는 자로서 가져야 할 태도 _ 딤전 1:12-16

먼저 믿는 자는 어린 신자들에게 격려의 모습이 되어야 한다.

1. 본을 보여주어야
2. 영향을 끼쳐 주어야
3. 연약한 이들을 돌보아 주어야

믿음이 연약한 지체들을 위하여 나를 내려놓자.

피하라, 쫓으라, 싸우라 _ 딤전 6:11-12

성도는 경건한 삶에 방해가 되는 것들을 피하는데 예민해야 한다.

1. 이것들을 피하라: ○○○ 님께서 첫째로 할 일
2. 의인의 삶-쫓으라: ○○○ 님께서 주님의 영광을 위해
3. 선한 싸움-싸우라: ○○○ 님에게 약속된 상급

하나님 앞에서 선한 싸움을 싸우겠다는 결단을 하자.

8 자녀의 군 입대

웃게 하시는 하나님 _ 창 21:1-7

사라가 늙어서 귀한 아들을 받았으니 얼마나 기쁜 일인가!

1. 은혜로 구원을 받으면 기쁨, 1절
2. 은혜로 복을 받았으니 기쁨, 2절
3. 하나님께서 웃게 하시니 기쁨, 6-7절

하나님께 받은 구원과 복으로 인하여 크게 기뻐하자.

믿음, 소망, 사랑의 손 _ 출 17:8-13

모세는 하나님이 함께하셔서 많은 능력을 행하였다.

1. 지팡이를 잡은 믿음의 손
2. 두 팔을 올려서 기도하는 손
3. 손을 붙들어 올리는 손

나와 함께 하시며 능력으로 역사하시는 하나님을 바라보자.

하나님께서 요구하시는 예물 _ 출 25:1-7

하나님께 드리는 것은 하나님의 요구하심에 따라야 한다.

1. 하나님께서 요구하시는 예물, 2절
2. 즐거움으로 드려야 하는 예물, 2절
3. 다양한 종류의 예물, 3-7절

예물을 받으시는 하나님께 합당한 드림의 삶을 살기로 작정하자.

제단의 불을 항상 피워라 _ 레 6:8-13

제단의 불은 하나님께서 현존하신다는 것을 나타내는 불이다.

1. 제단 위의 불-막에서 만나주시는 하나님
2. 불을 피워두는 제단-하나님의 은총이 임재
3. 꺼지지 않는 불-예배와 기도가 끊어지지 않음

성령님이 충만하심으로 불이 피어있는 삶을 도전하자.

그리스도 예수의 선한 일꾼 _ 딤전 4:7-10

성도에게는 망령되고 허탄한 것을 피하는 것이 최선이다.

1. 망령되고 허탄한 신화를 버려야
2. 오직 경건에 이르기를 연습해야
3. 수고하고 진력해야

하나님의 약속에 따른 신령한 복과 세속적인 복을 소망하자.

드러나게 하시는 하나님 _ 딤전 5:24-25

하나님께서는 사람에게 속지 않으신다.

1. 죄가 드러나 심판을 받음
2. 앞으로 드러날 죄
3. 우리의 선행도 드러남

죄를 드러나게 하시는 하나님께서 선행도 드러나게 하신다.

9 유학

일어나 벧엘로 올라가자_ 창 35:1-8

하나님께서는 사랑하는 자녀에게 회복할 기회를 주신다.
1. 일어나야-다시 힘을 내어 새롭게
2. 하나님과의 언약을 새롭게
3. 하나님의 마음에 들도록 새롭게

하나님께 나의 마음과 생각의 초점을 맞추자.

인도자를 통하여_ 출 33:1-6

하나님은 자기 백성을 이끌어 주신다.
1. 자기 백성을 인도하게 하심, 1절
2. 목표지를 알게 하심, 1절
3. 하나님은 나타나지 않겠다고 하심, 2-3절

오늘, 나의 하루에 하나님의 인도를 받도록 기도하자.

열심을 품고 주를 섬기라_ 왕하 19:14-19

초대 교회는 열심이 많은 교회였는데, 그 열심을 배워야 한다.
1. 열심 있는 사람에게 가능성과 잠재성을 개발하게 하심
2. 선한 일에 열심을 품은 사람에게 더 좋은 열매를 맺게 하심
3. 열심을 품은 사람으로 목표를 성취하게 하심

하나님께 감동이 되는 사람이 되기를 도전하자.

능력 있는 기도 _ 렘 29:10-14

우리는 때때로 하나님의 손을 움직이는 능력의 기도를 해야 한다.

1. 부르짖는 간구, 12절
2. 주께로 나와서 엎드리는 간구, 12절
3. 전심으로 마음을 토하는 간구, 13절

나의 기도에 능력이 나타나도록 결단하자.

예수 그리스도의 심장으로 _ 빌 1:8-11

하나님을 바로 앎으로 자라가는 사람이 되기를 기도해야 한다.

1. 자라나는 사랑
2. 분별하는 지혜
3. 하나님의 영광과 찬송

새 생명의 삶이 여호와의 은혜로 날마다 자라가기를 사모하자.

생각해야 될 것 세 가지 _ 딤후 1:8-10

성경은 우리가 세상에 대하여 '주의 증거' 라고 하였다.

1. 주의 증거를 부끄러워 말라
2. 하나님의 부르심을 감사하라
3. 그리스도의 나타나심을 감사하라

주님의 십자가에서 나타난 구속의 은총에 감사하자.

10 은퇴-퇴직

포도주를 마시고 취하여 _ 창 9:18-27
사람은 자기가 해야 할 의무를 잘 이행하여야 한다.
1. 노아는 부모의 의무를 다 하지 못함
2. 함은 자식의 의무를 다 하지 못함
3. 셈과 야벳은 자식의 도리를 다함

하나님의 자녀들에게는 각자가 해야 할 도리가 있음을 기억하자.

하나님께서 가라 하시면 _ 창 12:1-5
성도는 하나님께서 원하시는 길을 지체 없이 가야 한다.
1. 떠남에서 시작되는 새로운 시작
2. 지난날의 실패를 만회할 수 새로운 시작
3. 하나님의 언약에 들어가는 새로운 시작

하나님께 마음을 열어 두기를 도전하자.

말씀을 우리가 준행하리이다 _ 출 24:1-11
하나님께서는 우리에게 오직 그의 말씀을 지키며 살기를 요구하신다.
1. 하나님께서 요구하시는 대로 함, 1-3절
2. 피로 세운 언약대로 하도록 하심, 4-8절
3. 말씀을 준행하여 복을 받음, 9-11절

하나님의 말씀을 지키는 것이 내 삶의 전부이기를 사모하자.

성령님의 사역 _ 요 16:7-14

성도는 성령님의 행하심을 알아 민감하게 반응하며 지내야 한다.

1. 유익하게 하시는 성령
2. 진리를 깨닫게 하시는 성령
3. 예수님에 대하여 전하시는 성령

성령님께서 나를 온전히 지배하시도록 도전하자.

성도의 마땅한 자세 _ 딤전 2:1-10

감정을 다스리기 위하여 거룩한 손을 들어 기도해야 한다.

1. 남자들이: 하나님께서 ○○○ 성도에게 요구하심
2. 여자들도: 하나님께서 ○○○ 성도에게 요구하심
3. 오직 선행으로: 우리 모두가 힘쓸 일

이제까지 지내오면서 부족했던 착한 행실에 헌신하자.

믿음의 진보와 기쁨 _ 빌 1:25-30

성도의 건강은 진보를 경험함에 있다.

1. 그를 위해 계속 기도해야
2. 성도로서의 모범을 보여야
3. 진보를 나타내어야

지금보다는 나중이 낫도록 늘 기대하자.

13. 경사스런 집안의 축하 심방

1 생일을 맞이한 가정

형통한 자가 되어 _ 창 39:1-5

하나님은 자기의 자녀들에게 함께 하신다.

1. 하나님께서 함께 하심을 보다
2. 하나님께서 형통케 하심을 보다
3. 요셉을 통하여 복을 주심을 보다

나와 함께 하시고, 나를 통하여 일하실 하나님을 기대하자.

네 부모를 공경하라 _ 출 20:12

부모를 공경할 때, 언약이 성취되어 복을 받는다.

1. 땅을 주시는 하나님
2. 생명을 주시는 하나님
3. 함께 해주시는 하나님

공경을 통해서 부모 앞에서 여호와께 복 되게 살아가기를 다짐하자.

악한 일을 하지 말라_ 출 28:1-8

성도의 행위는 그것이 하나님이 받으실만한 예물이 된다.

1. 허망한 풍설을 전파하지 말아야, 1절
2. 악을 행하는 다수를 따르지 말아야, 2절
3. 뇌물을 받지 말아야, 8절

하나님의 자녀로서 마음에 거리끼는 행동을 하지 않기를 결단하자.

어리석은 일을 행하지 말라_ 삼하 13:10-14

하나님은 가정을 세우시고 거룩하게 하셨다.

1. 하나님의 은혜
2. 암논의 어리석은 행동
3. 부모에게 근심이 됨

우리 가정의 삶을 통해서 하나님께 더욱 가까이 나아가기를 빌자.

새로 지으심을 받은 자 _ 갈 6:11-18

하나님의 자녀라면 천국 백성으로 새 사람이 되어야 한다.

1. 사랑하기 위한 소원
2. 십자가를 자랑함: 구원의 기쁜 소식
3. 예수의 흔적: 주님 때문에 당하는 고난

예수님의 흔적을 지니도록 하자.

② 회갑을 맞이한 가정

여호와를 온전히 좇았으므로_ 수 14:13-15

해로를 한 부부들은 모든 영광을 하나님께 돌려야 한다.

1. 주께서 주신 장수의 복
2. 주께서 주신 건강의 복
3. 주께서 주신 화평의 복

화평한 가정이 이루어지도록 여호와께 신뢰하기를 결단하자.

우리에게 우리 날 세는 법을_ 시 90:10-12

우리에게 있어서 참 지혜는 여호와를 경외하는 것이다.

1. 깨달아야 할 진리
2. 우리가 구해야 할 지혜
3. 하나님의 심판

인생의 날을 세며 올바르게 살 수 있는 지혜를 구하자.

늙어도 결실하며_ 시 92:12-15

악인의 형통이 잠시 뿐이라는 사실을 명심하자.

1. 의인의 번영
2. 영광스러운 노년
3. 인생의 기초

하나님의 보호 아래에서 견고하여 영광스러움이 드러나기를 사모하자.

들어와도 복, 나가도 복 _ 신 28:1-6

하나님의 말씀에 우리의 삶을 행복의 길로 인도하는 지침이 있다.

1. 들어라
2. 행복의 길
3. 순종의 결과

○○○님께서 앞으로도 하나님의 음성을 듣기를 사모하시기 바란다.

선한 싸움을 싸우고 _ 딤후 4:7-8

성도는 구별된 백성으로써 이 땅에서 영적으로 싸우는 군사이다.

1. 인생의 싸움 – 영적인 전투에 임함
2. 성도의 고난 – 사탄의 공격으로 말미암은 고난
3. 주님의 상급 – 이기는 자에 대한 보상

바울은 자신이 주님께로부터 받게 될 상급에 관해 확신하고 있었다.

은혜로 든든히 살자 _ 딛 1:1-4

디도는 바울과 함께 "같은 믿음을 따라" 그를 동역하였다.

1. 동반자가 있음에 감사하라
2. 어려운 일을 맡아 수행하는 사랑에 감사하라
3. 신뢰할 수 있음에 감사하라

나의 나 됨이 스스로의 노력으로 선 것이 아님에 감사하자.

③ 고희를 맞이한 가정

하나님의 말씀을 들으라 _ 신 6:1-3

하나님의 말씀의 핵심은 하나님께의 사랑이다.

1. 하나님을 사랑하고, 이웃을 사랑하라
2. 하나님의 말씀을 마음에 새기라
3. 여호와를 잊지 말라

하나님을 잊어버리고 자만해지며 세상과 우상을 따르게 된다.

백발은 영화의 면류관 _ 잠 16:31

늙는 것은 신앙적으로 인격적으로 성숙해지는 단계에 이름이다.

1. 의를 행해야-하루, 하루의 시간을 의로 채움
2. 선과 의를 행해야-행위에 따르는 보상
3. 백발의 영화로움을 간직함

백발이 하나님께서 주시는 영광이 되게 하자.

성령 충만한 성도 _ 엡 5:15-21

우리는 성령의 지배를 받아 성령에 사로잡힌 생활을 해야 한다.

1. 내적인 기쁨과 평안의 생활
2. 피차 사랑하면서 복종하는 생활
3. 바른 관계를 가진 생활

하나님의 뜻에 순종하여 인간관계에로 나아가기를 결단하자.

빌립보 성도들을 위한 기도 _ 빌 1:1-11

하나님의 은혜 속에서 의롭게 살아가기를 소망해야 한다.

1. 성도들을 하나님께 부탁함
2. 기쁨으로 간구함
3. 소원에 넘쳐 간구함

자신의 신앙이 영적으로 더욱 성숙해지기를 간구하자.

주 안에서 기뻐하라 _ 빌 2:17-18

하나님의 자녀는 자신이 받은 은혜를 선포해야 한다.

1. 구원을 받은 확신 때문에
2. 하나님의 사랑을 받았으므로
3. 하늘의 소망을 가졌으므로

내가 누리고 있는 구원의 확신을 기뻐하자.

나를 위하여 의의 면류관이 _ 딤후 4:7-8

고난에 올바르게 대처하는 법을 배우도록 해야 한다.

1. 인생의 싸움
2. 성도의 고난
3. 주님의 상급

구별된 백성으로써 영적으로 싸우며 하나님의 상급만을 바라자.

④ 아기를 임신한 성도

약속의 아들 _ 창 21:1-4

이삭의 출생은 하나님의 약속이 실현되는 성취였다.

1. 하나님의 언약이 신실하심
2. 하나님의 능력이 무한하심
3. 사라에게 웃음을 주심

새 생명을 안겨주실 하나님을 찬양하자.

자녀에 대한 의무 _ 신 31:12-13

자녀를 품에 안겨주실 하나님은 부모에게 거룩한 의무를 주신다.

1. 하나님 경외하는 법을 가르쳐야
2. 하나님의 말씀을 지키도록 가르쳐야
3. 하나님을 기쁘시게 하도록 가르쳐야

하나님께 기쁨을 드리는 자녀가 되도록 가르치기를 도전하자.

이 아이를 위하여 _ 삼상 1:21-28

사무엘은 한나의 간구에 대한 하나님의 응답이었다.

1. 젖을 떼거든
2. 그대의 소견에 좋은 대로 하여
3. 그를 여호와께 드리되

아기의 생명 앞에서 신앙의 결단을 하는 부모가 되자!

새 생명에 대한 각오 _ 시 127:1

아기의 탄생에 간섭하시는 하나님의 뜻을 묵상해야 한다.

1. 하나님의 뜻을 알도록 양육하겠다는 다짐
2. 하나님을 의뢰하는 인생으로 양육하겠다는 다짐
3. 하나님의 상급을 귀히 여기도록 양육하겠다는 다짐

이제, 태어날 아이가 하나님 앞에서의 인생이 되도록 하자.

하나님과 사람에게 더 사랑스러워 _ 눅 2:52

부모에게는 자녀가 지혜롭게 자라도록 도와주어야 할 의무가 있다.

1. 지혜의 자람
2. 몸의 자람
3. 사랑스럽게 자람

자신이 양육을 맡은 자녀가 신체적으로 성장하도록 책임을 다하자.

기도와 성령님께의 충만 _ 행 2:1-4

성령님을 구하기 전에 기도의 무릎으로 나아가야 한다.

1. 성령님께 충만하게 하는 기도
2. 하나님의 약속을 붙잡아야
3. 하나님의 약속이 성취되게 하는 간구

하나님의 약속이 실현되기까지 기도하자.

5 출산을 기다리는 성도

그를 번제로 드리라 _ 창 22:5-14

예수님과 우리의 관계는 순종으로 유지되어야 한다.

1. 자신의 자리를 지킴으로써 순종
2. 어떤 명령에도 '예'라는 대답
3. 순종함에 게으르지 않음

하나님의 말씀에 자신을 돌아보지 않고, 순종하기를 도전하자.

이상적인 부모상 _ 삼상 1:21-28

성경은 엘가나와 한나 부부를 통해서 부모의 역할을 가르쳐준다.

1. 하나님과의 약속에 신실한 부모
2. 자녀의 장래를 주께 맡기는 부모
3. 경건한 생활의 모본이 되는 부모

자녀를 하나님께 올려드리는 삶의 모습을 보이도록 준비하자.

경건한 자손 _ 말 2:15-17

부모는 주께서 얻고자 하시는 경건한 자손에 대하여 배워야 한다.

1. 부모가 거룩하고 의로운 생활을 힘써야
2. 자녀를 하나님께 인정받도록 키워야
3. 가정에서 부도덕한 생활이 없도록 해야

하나님께서 요구하시는 경건한 자손이 있게 할 것을 도전하자.

은혜로 얻은 아들 _ 눅 1:57-63

자녀를 주시는 하나님의 방법에 대하여 묵상하자.

1. 해산의 고통을 통하여 얻게 됨
2. 하나님의 은혜의 섭리로 얻게 됨
3. 하나님께서 기뻐하시는 자녀로 키워야

하나님께서 원하시는 인생이 되도록 양육하는 부모가 되자.

요셉과 마리아 _ 눅 2:22-24

요셉과 마리아는 예수의 양육자라는 사실을 철저하게 인식하였다.

1. 주의 계명을 지키다-계명을 지키는 순종의 생활
2. 주의 소유임을 인정하다-예수를 주에 드림
3. 주께 예수를 의탁하다-주의 율례를 좇아 제사를 드림

이제, 만날 새 생명을 하나님의 기업으로 여기자.

성령님의 충만하게 하시는 은혜 _ 살후 2:13-14

우리는 거룩한 지체가 되어 성령의 열매를 맺어야 한다.

1. 구원의 역사가 일어남
2. 큰 확신을 갖게 해줌
3. 거룩하게 하심

성령님께 충만하여 그 은혜의 열매를 사모하자.

6 아기를 출산한 성도

애굽 온 땅의 총리 _ 창 41:37-45

사람마다 높은 지위를 원하지만 하나님 앞에서 원리가 있다.

1. 하나님의 사람
2. 지혜로운 사람
3. 현장을 지키는 사람

자리를 얻기 위하여 수고를 무서워하지 않기를 도전하자.

경건한 자의 복 _ 시 91:10-12

아기를 안겨주신 하나님께 그 응답으로 경건한 자로 키워야 한다.

1. 의인의 평안-평안을 주시는 하나님
2. 의인의 보호-경건한 성도들 지키시는 하나님
3. 의인의 대적-대적을 물리쳐 주시는 하나님

하나님께서 평생을 함께 하시도록 기도하자.

천국을 경험하는 자녀 _ 시 127:1-5

자녀에게 가정은 하나님을 아버지로 모시고 사는 천국의 모형이다.

1. 자신의 생명이 하나님의 선물임을 깨달음
2. 축복의 통로-자녀의 인생에 대한 부모의 위치
3. 여호와께서 세우심-자녀의 인생을 하나님께 맡김

여호와께서 복을 주실 자녀의 삶에 도전하자.

자라게 하시는 하나님의 은혜 _ 눅 2:40, 52

하나님께서 생명을 주셨으므로 그 은혜로 키워야 한다.
1. 육체가 균형이 잡혀 건강하도록
2. 지혜에 모자람이 없이 충족하도록
3. 하나님의 은혜가 그의 인생에 나타나도록

하나님과 사람에게 더욱 사랑을 받으며 자라도록 기도하자.

자녀를 양육하라 _ 엡 6:4

하나님께서 주신 자녀를 바르게 양육해야 한다.
1. 하나님의 말씀으로 양육해야
2. 사랑으로 보살펴야 한다.
3. 하나님을 경외하도록 해야

하나님 앞에서 자녀 양육의 사명을 감당하도록 하자.

믿음의 자녀로 _ 딤후 1:3-5

부모가 자녀들에게 물려줄 수 있는 최대의 유산은 경건한 믿음이다.
1. 하나님의 은혜를 유산으로 남김
2. 하나님께서 기억하시는 인생이 되게 함
3. 하나님께 제물이 되는 삶이 되게 함

하나님의 통치를 즐거워하는 자녀로 양육하자.

7 아기의 백일-돌

하나님이 나를 웃게 하시니 _ 창 21:1-4

사라는 꼭 일 년이 지난 뒤에 이삭을 자기의 품에 안았다.

1. 여호와께서 말씀하신 대로
2. 약속의 아들-이삭
3. 하나님의 선물

세상에 태어나는 모든 생명이 하나님께서 우리에게 주시는 선물이다!

여호수아와 갈렙의 열정 _ 민 14:4-10

하나님의 약속이 성도에게 삶의 도전이 되어야 한다.

1. 비전으로 말미암은 열정을 소유함
2. 하나님께서 성취하실 것을 신뢰함
3. 다수에 굴복하지 않는 확신

상황의 어떠함에 따라 생각이 바꾸지 않도록 결단하자.

지식을 가져라 _ 호 4:6-10

여호와 앞에서 우리는 하나님을 아는 지식에 충만해야 한다.

1. 하나님을 아는 지식
2. 구원에 이르는 지식
3. 최고의 법을 아는 지식입니다.

나의 심령이 말씀의 지식으로 충만하기를 도전하자.

자람을 위한 부모의 기도 _ 눅 2:40

예수님은 자라시면서 육체적으로 강해지셨다.

1. 육신이 건강하도록
2. 지혜가 충만하도록
3. 하나님의 은혜가 충만하도록

하나님의 은혜는 세상을 살아가는 행복과 성공의 보장이다!

자녀와 부모의 관계 _ 골 3:20-21

하나님께서 기뻐하시는 삶을 소원하는 것이 우리의 마땅한 자세다.

1. 부모에게 순종하라
2. 주 안에서 기쁘게 하라
3. 자녀를 격노케 말라

부모와 자녀의 관계에서 먼저 하나님을 묵상하도록 도전하라.

디모데-물려받은 믿음 _ 딤후 1:3-5

하나님은 부모에 의해서 자녀들이 믿음을 물려받기를 기대하신다.

1. 부모의 믿음을 물려줌으로
2. 쉬지 않고 너를 생각하여
3. 바울의 기쁨

하나님은 믿음으로 자라는 사람을 기뻐하신다.

8 직장에서의 진급

이 모든 일에 _ 욥 1:20-22

성도는 고난 중에도 감사하며 순종하며 죄와 불의에서 멀리해야 한다.

1. 고난 중에도 주께 감사
2. 주의 뜻에 온전히 순종
3. 죄와 불의를 멀리

우리에게 무조건적인 순종을 요구하시는 하나님께 결단하자.

여호와는 나의 목자 _ 시 23:1-3

만족감은 하나님이 나의 목자이심에서 얻어진다.

1. 아쉬울 것이 없게 하시는 하나님
2. 풀밭에서 쉬게 하시는 하나님
3. 영혼을 소생시켜 주시는 하나님

우리의 삶에서 영혼이 잘 되어야 범사가 잘되고 강건해진다.

하나님께 의로운 사람 _ 마 1:18-25

요셉은 자신에게 닥쳐진 문제를 지혜롭게 해결하려 하였다.

1. 지혜롭게 해결하려 하라
2. 성령님께 민감하라
3. 분부대로 행하라

하나님께서 찾으시는 말씀에 순종하는 사람이 될 것을 다짐하자.

다섯 달란트 받았던 자 _ 마 25:14-21

하나님의 뜻을 바로 알고 힘쓰는 사람들에게 일을 더 맡기신다.

1. 일을 맡은 자세
2. 자기에게 맡겨진 분량에 충성
3. 성위의 열매는 하나님의 손에

우리가 성공을 하든, 실패를 하든 인생의 주권은 하나님의 손에 있다.

그리스도 복음에 합당하게 _ 빌 1:27-30

우리는 생활 속에서 주님을 따르고, 주님의 모습을 드러내야 한다.

1. 복음에 합당하게 하라
2. 대적을 두려워 말라
3. 싸우라, 싸우라!

복음의 진리를 끝까지 수호하는 싸움의 전사가 될 것을 도전하자.

주인 앞에서의 종 _ 골 3:22-25

우리는 옛 사람의 생활을 버리고, 하나님의 뜻을 좇아야 한다.

1. 성실하라
2. 주께 하듯 하라
3. 사람의 중심을 보시는 하나님

무슨 일을 하든지 마음을 다하여 주께 하듯 하기를 결단하자.

9 수상

일을 행하시는 하나님을 바라보자 _ 신 1:29-33

하나님께서는 우리가 어떻게 행해야 하는지를 인도하신다.

1. 우리를 위해 대신 싸워 주시는 하나님
2. 어렵고 힘들 때 안아 주시는 하나님
3. 우리의 행할 길을 인도하시는 하나님

나를 위하여 나의 원수와 싸워주시는 하나님께 시선을 고정하자.

나의 지경을 넓혀 주옵소서 _ 대상 4:9-10

하나님께서는 우리에게 지경을 넓혀 주시기를 원하신다.

1. 지경을 넓혀 주시는 하나님
2. 손으로 도와주시는 하나님
3. 근심이 없게 하시는 하나님

하나님은 '지금, 여기에서' 나를 도우시기를 기다리고 계신다.

우리를 도우시는 하나님 _ 대상 12:19-22

다윗을 위하시는 하나님의 열심은 그에게 지도자들을 보내주셨다.

1. 사방에서 사람을 보내주시는 하나님
2. 능력을 갖춘 사람을 보내주시는 하나님
3. 날마다 사람을 보내주시는 하나님

하나님께서 사람들을 내편이 되게 하심에 예민하자.

주를 앙모하는 자녀 _ 시 63:1-4

다윗은 절망하지 않고, 하나님을 바라보는 침묵을 지켰다.

1. 주는 나의 하나님이시라
2. 일하시는 하나님의 손
3. 내 영혼이 주를 갈망하며

잠잠히 하나님을 바라보는 사람이 되자.

걸음을 인도하시는 _ 잠 16:3-9

성경은 사람의 생애가 하나님의 손에 달려 있음을 강조한다.

1. 주를 온전히 의뢰해야
2. 주의 뜻을 이해해야
3. 주를 기쁘시게 해야

하나님의 말씀에 순종하면서 자기의 뜻을 바라보자.

바벨론 왕궁의 다니엘 _ 단 2:44-49

다니엘은 사람을 두려워하지 않고, 여호와를 의뢰하였다.

1. 하나님만 높이도록 하시는 하나님
2. 확신을 갖게 하시는 하나님
3. 친구들을 배려하게 하시는 하나님

느부갓네살 왕은 꿈을 해석하도록 하신 하나님을 높이 찬양하였다.

14. 애도의 심방

① 임종 전의 예배

아침에 피어 저녁에 시드는 꽃 _ 시 90:1-6

인생의 삶이란 유한한 시간 안에 있는 존재에 불과하다.
1. 쓸려가는 인생
2. 강하고, 영원하신 하나님
3. 하나님께 가까이 가야 할 존재

하나님을 의지하고, 그의 도우심을 받아야 하는 인생임을 기억하자.

임종, 죽음이 문밖에서 _ 살전 4:13-18

임종의 시간은 천국에의 소망 가운데 서서 죽음을 맞이해야 한다.
1. 복된 생애를 다 청산하고 천국에 간다는 확신
2. 새로운 세계로 떠나는 위대한 시간
3. 예수님을 굳게 붙잡고 죽음의 순간을 맞이함

죽음은 약속된 하나님 나라 입성이므로 찬송으로 맞이하자.

더 나은 본향을 사모하라 _ 히 11:14-16

성도는 하나님께서 예비하신 하늘의 한 성을 바라보며 살아야 한다.

1. 천국을 소망으로
2. 하늘에 있는 거룩한 처소
3. 우리를 위한 처소

천국의 본향으로 말미암아 유족들에게 위로가 있기를 기도하자.

다 믿음을 따라 죽었으며 _ 히 11:13-16

선진들은 믿음으로 살다가 믿음 안에서 죽었다.

1. 외국인과 나그네임을 증언하였으니
2. 본향을 찾는 자-돌아갈 고향을 분명히 알다
3. 더 나은 본향을 사모하니

선진들이 갔던 곳이 우리가 가야 할 본향이다.

하늘에 간직하신 것 _ 벧전 1:3-4

우리들의 거듭남은 하나님의 전적인 긍휼과 은혜로 된 것이다.

1. 하나님의 긍휼
2. 거듭나게 하사
3. 산 소망이 있게 하시며

산 소망을 주신 하나님께 찬송을 드리기를 도전하자.

② 임종 후의 예배

그림자 같이 다니고_ 시 39:5-7

우리가 살면서 바랄 것은 오직 여호와 밖에 없다.
1. 주 앞에는 없는 것 같사오니
2. 헛된 일로 소란하며
3. 나의 소망은 주께

주님께서 부르실 때 '아멘'으로 응답하도록 죽음을 준비하자.

여호와께 귀중한 죽음_ 시 116:12-16

여호와께서는 주의 성도들의 죽음을 귀히 보시고, 영접하신다.
1. 성도들의 죽음
2. 영원히 하나님과 함께
3. 여호와 앞에서 귀중한 죽음

여호와 앞에서 귀중한 죽음이 되신 ○○○님으로 말미암아 감사하자.

사망을 이기는 능력_ 고전 15:55-57

죽음은 성도에게 사망을 이기는 사건이 된다.
1. 죽음을 이기고 부활의 영광을 맛볼 수 있음
2. 예수님은 믿는 자들에게 영원한 생명의 원천이 되심
3. 저 영광의 세계로 들어감

예수님의 죽으심과 부활은 성도의 부활이므로 사망을 이기는 것이다.

하늘에 있는 영원한 집 _ 고후 5:1-3

○○○님은 주님께서 예비해 주신 영원한 처소로 가셨다.

1. 하늘의 처소
2. 하나님께서 지으신 집
3. 거룩하고, 영원한 집

○○○님께서 먼저 가셨으니 감사로 예배하는 우리들이 되자.

사람에게 정해진 것이요 _ 히 9:27

한번 죽는 것은 사람에게 정하신 것이요 그 후에는 심판이 있다.

1. 한 번 죽는 것은
2. 정해진 일
3. 그 후에는 심판이

살아가는 것으로 만족하지 말고, 나의 죽음 이후를 대비해야 한다.

아멘 주 예수여 오시옵소서 _ 계 22:16-21

예수님을 기다린다는 응답의 신앙으로 살아야 한다.

1. 예수님을 구주로 고백하는 신앙
2. 예수님의 재림을 기다리는 신앙
3. 구속함을 받은 자로서 사는 신앙

예수님의 피를 바라보고 있도록 도전하자.

③ 입관의 예배

생명과 복과 사망과 화 _ 신 30:15-20

하나님께서는 인생에게 생명과 복과 사망과 화를 보여 주셨다

1. 하나님 앞의 두 길
2. 생명과 복
3. 사망과 화

사망과 화는 피하고, 생명과 복을 받음에 도전하자.

아버지를 이은 아들 _ 왕상 5:1-6

하나님 앞에서 부모는 자녀에게 신앙과 복의 통로이다.

1. 아버지를 추모하는 은혜
2. 아버지의 뜻을 이루는데 부지런한 은혜
3. 여호와를 구하는 은혜

고인의 은혜를 나의 것으로 삼음에 도전하자.

내가 여호와의 집에 영원히 _ 시 23:3-6

하나님이 예비해 놓으신 집은 영원히 거할 수 있는 집이다.

1. 사망의 음침한 골짜기에서
2. 여호와의 집으로
3. 영원히 거하게

우리에게 천국을 기업으로 주셨음에 감사로 기도하자.

사망을 영원히 멸하실 것이라 _ 사 25:8

주님의 부활로 장차 부활의 영광에 참예할 수 있게 되었다.

1. 공포를 물리친 승리
2. 예수님이 부활하신 승리
3. 면류관에 의한 승리

십자가의 승리를 통해서 사탄을 멸하여 주셨음에 감사하자.

우리에게 이루게 하시고 _ 고후 5:4-7

믿음의 사람들은 결코 죽음을 두려워하지 않는다.

1. 죽음의 길
2. 영생의 길
3. 믿음으로 행하는 길

영생에 초점을 두고 살아가기를 도전하자.

모든 일이 드러나리로다 _ 벧후 3:8-13

주님이 피로 말미암아 죄 사함을 받아 하나님의 자녀가 되었다.

1. 거룩한 행실과 경건함으로
2. 하나님의 날이 임하기를
3. 새 하늘과 새 땅을 바라보다

고인이 가지셨던 믿음을 따라 다시 오시마 하신 주님을 기다리자.

④ 발인의 예배

여호와의 명령을 지켜라 _ 왕상 2:1-4
인생은 여호와의 특별한 섭리가 아니고는 죽음을 피할 수 없다.
  1. 죽음이 임박한 다윗
  2. 물러나는 다윗
  3. 거룩한 다짐을 요청하는 다윗

고인을 따라서 하나님을 사랑하여 그분의 명령을 따르자.

선한 목자 되신 우리 주 _ 시 23:3-6
주님의 강한 능력의 팔은 어떠한 원수 마귀의 권세도 물리치신다.
  1. 사망의 음침한 골짜기에서 보호하심
  2. 여호와의 집으로 인도하심
  3. 영원한 곳으로 옮겨 거하도록 하심

성도를 사망에서 생명으로 옮기시고, 천국을 기업으로 주셨다.

흙 속에 잠들 무렵 _ 고전 10:1-4
인간은 평생 흙과 더불어 살아가다가 다시 흙으로 돌아가는 것이다.
  1. 슬퍼만 할 것이 아니라 보다 새로운 세계를 바라보아야
  2. 죽음을 통해서 새로운 삶의 세계로 들어가게 됨
  3. 영원한 천국으로 가는 것을 감사함

성도의 죽음은 모든 수고를 다 마치고 영원한 안식에 들어감이다.

예수의 죽었다가 다시 사심을 _ 살전 4:13-18

주 안에서 자는 자만이 영원히 깨는 복락에 참여할 수 있다.

1. 영원히 깨어있는 복
2. 부활에 참여하는 복
3. 위로함을 받게 되는 복

고인의 영광을 마음에 그려보며 또한 위로를 받을 것을 기억하자.

하나님의 뜻을 행하라 _ 요일 2:15-17

성도에게 삶의 근거는 하늘의 하나님께 속해 있다.

1. 하나님께 속한 자
2. 세상에 있는 것들
3. 사모해야 할 천국

오늘, 천국에서의 삶을 소망하는 것에 도전하자.

주 안에서 죽는 자들은 _ 계 14:13

성도의 죽음이 귀한 것은 믿음을 갖고 삶을 살았기 때문이다.

1. 모든 수고를 그침
2. 영원한 안식을 누림
3. 복된 삶을 살아감

하나님의 품에서 얻게 될 완전한 안식에의 소망을 품자.

⑤ 장례의 예배

여기가 아니라 저기에 _ 신 12:9-10

우리가 그동안 기다려왔던 저 천성의 영광으로 옮겨졌다.

1. 여기에는 진정한 만족이 없음
2. 이 땅은 멸망되어가고 있음
3. 하나님은 천국에 살도록 요구하심

우리도 고인과 같이 천국으로 들어가기를 기다리는 시간이 되자.

죽은 자의 부활 _ 고전 15:20-22

주님께서 다시 사신 것처럼, 죽은 자들은 장차 다시 살아난다.

1. 잠자는 자들의 첫 열매
2. 부활을 소망하는 우리들
3. 보증된 부활

주님의 부활로 인해서 영생의 소망을 주셨음에 감사의 기도를 하자.

우리에게 마련된 집 _ 고후 5:1-10

고인께서는 하늘나라를 유업으로 이어 받아 영원한 집으로 가셨다.

1. 땅에 있는 장막집
2. 하늘에 있는 영원한 집
3. 거룩하게 살다가 영원한 곳으로 옮김

고인을 통해서 우리도 영원한 집으로 옮겨질 것을 사모하자.

죽는 것도 유익함이라 _ 빌 1:20-24

성도는 세상에 속하지 않으므로 잠시의 삶을 살다가 죽음을 맞는다.

1. 현세의 모든 악을 제거함
2. 고통과 슬픔에서 해방시켜줌
3. 그리스도의 존전으로 인도해줌

죽음의 문을 통과하여 영광스런 낙원을 선물로 받게 되었다.

예수 안에서 자는 자 _ 살전 4:13-18

주 안에서 잠자는 자가 누리게 될 복을 약속해 주셨다.

1. 영원히 깨어있는 복
2. 부활에 참예하는 복
3. 위로하심을 받게 되는 복

성도의 죽음은 영원히 사는 부활의 복이라서 소망을 갖게 한다.

다시 밤이 없겠고 _ 계 22:3-5

주님의 오심으로 완성되는 새 예루살렘에서 예수님이 빛이시다.

1. 어둠의 권세를 가리키는 밤
2. 인간의 죄악을 가리키는 밤
3. 밤이 없는 곳으로 가는 성도

우리를 왕 노릇하게 하실 하나님을 찬양하자.

⑥ 장례 후의 귀가 예배

에덴에 동산을 창설하시고 _ 창 2:8-14

우리가 살아가는 삶의 자리가 곧 에덴이라는 것을 깨달아야 한다.

1. 사람이 살아가는 자리
2. 하나님과 교제하는 자리
3. 약속의 자리

고인이 남겨준 믿음의 본을 기억하여 하나님의 약속을 기다리자.

우리의 모든 날이 _ 시 90:8-10

하나님의 영원성에 비해 인간이 얼마나 유한하고 허무한 존재인가.

1. 순식간에 대하는 우리의 평생
2. 상급으로 나타나는 우리의 행위
3. 내세를 준비하는 지혜

우리에게 주어진 시간을 하나님의 뜻에 맞게 사용하기를 도전하자.

영원한 생명을 향한 열정 _ 시 91:16

영원한 생명을 사모하고 그것을 향한 열정을 갖도록 하자.

1. 유한한 인생-시간과 공간의 제약을 받고 있음
2. 영원하신 하나님-영원 전부터 살아계신 분
3. 영원을 사모하는 마음-영원을 사모하는 마음을 심어주심

죄를 깨달은 인간에게 하나님께서 영생을 사모하도록 은혜를 주셨다.

우리에게 주신 은혜대로 _ 롬 12:9-13

우리의 삶에서 중요한 한 면모는 남을 대접하고 구제하는 것이다.

1. 열심을 품고 주를 섬기라
2. 소망 중에 즐거워하며
3. 손 대접하기를 힘쓰라

이제, 고인을 본받아 손 대접을 잘 하기를 결단하자.

우리가 받는 위로도 _ 고후 1:3-5

하나님의 위로는 위로받는 자신을 통해 남을 돌아보게 하신다.

1. 자비의 아버지시요
2. 모든 환난 중에서 우리를 위로하사
3. 모든 환난 중에 있는 자들을 능히 위로하게

고인이 하셨던 대로 위로와 소망이 되시는 하나님을 바라보자.

선을 행할 줄 알고도 _ 약 4:13-17

성도답게 믿음으로 하나님과 동행하며 살아가야 한다.

1. 잠깐 보이다가 없어지는 안개
2. 이것이나 저것을 하리라
3. 사람이 선을 행할 줄 알고도

이웃을 위해, 하나님을 위해 열심히 섬기며 봉사하기를 다짐하자.

⑦ 추모(추도)의 예배

여호와의 영으로 충만하라 _ 사 61:1-3

우리를 위로하시는 은혜는 성령님의 위로하심이 넘치는 삶이다.

1. 하나님이신 성령님
2. 성령님의 사역
3. 성령님의 충만

온전한 성도로 능력이 있게 살려면 성령님의 충만을 받아야 한다.

나의 구원으로 보이리라 _ 시 91:16

하나님을 경외하고, 그를 따르면 영원히 하나님의 보호를 받게 된다.

1. 유한한 인생
2. 영원하신 하나님
3. 영원을 사모하는 마음

하나님께서 영원을 사모하는 마음을 심어 주셨음에 찬송을 드리자.

하나님은 나의 구원 _ 사 12:1-6

하나님은 자신이 택한 백성들을 때를 따라서 위로하신다.

1. 하나님의 안위
2. 하나님의 구원하심
3. 준비해야 하는 여호와의 날

구원자이신 하나님의 이름을 찬양하며, 살아가자.

육체의 구원, 영혼의 구원 _ 눅 17:11-19

하나님은 현실 문제의 해결과 영혼의 구원을 소망하게 하신다.

1. 간절함의 은혜
2. 순종함의 은혜
3. 감사함의 은혜

영생을 주신 은혜에 감사하면서 사는 복을 누리기를 결단하자.

땅에 있는 지체를 죽이라 _ 골 3:5-11

지식에까지 예수님으로 말미암아 새롭게 되어가야 한다.

1. 구원을 이룸
2. 죽여야 하는 땅의 것들
3. 새사람으로 살라

하늘에 속한 사람으로 살아가기를 도전하자.

보좌 앞과 어린 양 앞에서 _ 계 7:9-12

천상에서 성도들이 찬송을 하면 천사들은 그 찬송에 화답한다.

1. 스스로 회개할 수 없는 인생
2. 구원의 복을 받은 성도
3. 하늘에서의 찬송

성도에게 믿음을 지키고 거룩함의 열매를 맺게 하심을 감사하자.

15. 사업장의 심방

1 상점

당대에 완전한 의인 _ 창 6:5-12

최악의 시대에 최선의 삶을 살았던 노아를 묵상해야 한다.

1. 하나님의 탄식
2. 심판의 계획
3. 최선의 사람-의인

노아의 삶을 흠모하고, 은혜가 ○○○님에게 있기를 축복한다.

쓴물을 주시는 여호와 _ 출 15:22-27

여호와는 쓴물을 단물로 바꾸어 주시는 즐거움의 하나님이시다.

1. 쓴물을 마시다
2. 생각과는 반대로
3. 인생의 훈련

쓴물의 시간을 복된 기회로 삼도록 도전하자.

여호와 닛시 _ 출 17:8-16

하나님께서 그의 백성을 위해 싸워주셔서 이겼다.

1. 싸우러 나간 여호수아
2. 두 손을 든 모세
3. 아론과 훌의 협력

하나님의 손이 ○○○님을 붙들어 주시기를 기도하자.

기이한 일들을 행하시리라 _ 수 3:4-6

오늘도 내가 믿어야 할 것은 약속해주신 땅을 밟는다는 사실이다.

1. 구원하시는 하나님을 바라볼 때, 약속의 땅으로 들어가게 됨
2. 스스로 성결케 하여 하나님께 거룩해야 함
3. 하나님께서 하신 말씀 앞에서 담대하게 순종해야 함

우리는 하나님께서 그 땅으로 나를 인도해 주실 것을 믿고 가야 한다.

하나님의 미워하시는 일 _ 왕하 17:13-18

성도는 하나님의 미워하시는 일을 거절하여 복되게 하심이다.

1. 우상을 섬기지 말라
2. 각 선지자와 각 선견자
3. 하나님의 말씀을 버리지 말라

우상을 섬기는 행위를 하지 않도록 힘쓰기를 소망하자.

2 공장

너희를 위하여 행하시는 구원을 보라 _ 출 14:13

우리에게는 젖과 꿀이 흐르는 가나안 땅이 약속되어 있다.

1. 두려워하지 말고, 하나님의 구원을 믿어야
2. 기도하여 하나님의 음성을 듣고, 그가 보여주시는 것을 보아야
3. 하나님의 말씀을 약속으로 믿고, 그대로 순종해야, 시 100:5

하나님의 말씀에 대한 인간의 응답은 그 말씀에 순종하는 것이다.

죄인을 멀리하는 은혜 _ 삼상 22:9-19

경건의 모양은 있으나 경건의 능력이 없는 자를 멀리해야 한다.

1. 형식적인 예배자를 멀리하라
2. 기회주의자를 멀리하라
3. 하나님을 두려워하지 않는 자를 멀리하라

하나님을 대항하는 것이 되지 않도록 주의하자.

내가 너를 도우리라 _ 대상 12:8-15

우리를 도우시는 하나님은 성령님을 사용해서 도우신다.

1. 다윗에게 돌아온 자가 있었으니
2. 정월에 요단 강 물이 모든 언덕에 넘칠 때
3. 성령이 삼십 명의 우두머리 아마새를 감싸시니

우리를 외면하지 않으시고, 도우시는 하나님을 사모하자.

온전한 사랑 _ 마 5:43-48

주님께서는 사람들이 무시하는 이방인들을 사랑하셨다.

  1. 원수를 사랑하라

  2. 사랑의 대상

  3. 온전한 사랑

오늘, 원수를 사랑함으로써 온전함을 이루자.

세우심을 받은 사람들 _ 마 10:1-8

하나님은 언제나 그 시대와 세상을 위하여 사람을 선택하셨다.

  1. 선택되어진 일꾼들

  2. 훈련을 받은 일꾼들

  3. 보내어진 일꾼들

천국 일꾼으로 충성을 다하는 삶을 소망하자.

아름다운 덕을 선전하라 _ 벧전 2:9-10

우리에게는 복음을 모든 사람에게 전파해야 하는 사명이 있다.

  1. 모든 이들에게 전해져야 될 복음

  2. 나누어야 할 복음

  3. 믿음을 고백하는 복음

복음이 ○○○님의 삶 속에 녹아지기를 결단하자.

③ 회사

너는 복이 될지라 _ 창 12:1-9

하나님께서 우리의 인생을 복되게 하시며, 요구하신 것은 순종이다.

1. 떠나는 은혜
2. 말씀에 순종하는 은혜
3. 예배의 은혜

순종을 통해서 약속된 복을 나의 것으로 삼기를 소망하자.

영화롭게 하리라 _ 시 91:11-16

하나님은 자기의 백성들을 지키시는 여호와이시다.

1. 지키시는 하나님
2. 무찌르게 하시는 하나님
3. 구원하시는 하나님

주님 안에서 영화롭게 된 것에 감사하자.

상을 받도록 달음질하라 _ 고전 9:24-27

우리가 사는 날 동안에, 뚜렷한 목적의식을 가지고 살아가야 한다.

1. 목표가 분명한 달음질
2. 어려움을 이겨내는 달음질
3. 자신을 쳐 복종하는 달음질

늘 자신을 쳐 하나님의 뜻에 복종하는 은혜를 소망하자.

평강과 감사의 사람 _ 골 3:12-17

하나님의 사람은 죄로 죽었던 행실을 벗고, 새 것을 입어야 한다.

1. 버리고 새로 입는 은혜
2. 그리스도를 모심
3. 삶의 새로운 목표

이웃과 더불어 살아야겠다는 기업의 목표를 갖자.

하나님의 관심 _ 약 2:1-13

우리를 성도라 부르시는 하나님의 관심은 나의 생각과 다르다.

1. 인간의 외모에 관심이 없으심, 1절
2. 믿음의 부요함에 관심을 가지심, 5절
3. 하나님의 말씀을 지키는 것을 살펴보심, 10절 이하

오늘, 우리 회사에 말씀을 하시는 하나님께 청종하자.

세 종류의 인생 _ 요삼 1:1-15

우리는 어떤 사람으로 살아갈 것인가에 늘 유의해야 한다.

1. 데메드리오: 주님의 뜻을 이 땅에 온전히 이루어 가는 삶
2. 가이오: 주의 일에 기쁨으로 동참하는 삶
3. 디오드레베: 이기적인 자기중심적인 삶

참된 신앙으로 살고, 바르게 살아가는 분별력을 갖도록 하자.

4 개업

그 사람이 창대하고 왕성하여 _ 창 26:12-18

하나님은 자기 백성을 사랑하셔서 언제나 함께 해 주신다.

1. 또 다시 하고자 하는 마음
2. 하나님의 도우심을 바라는 인내
3. 여호와께서 복을 주시므로

성공적인 인생을 살라고 열망을 주시기를 도전하자.

여호와 닛시의 은혜 _ 출 17:8-16

하나님을 생각할 때, 여호와는 나를 돕는 자이심을 기억해야 한다.

1. 광야 길의 인생
2. 아말렉과의 전쟁
3. 기도하는 모세

여호와의 도우심이 때마다 있기를 소원하자.

들어주시는 여호와 _ 시 4:1-3

하나님은 응답하시고, 곤란 중에 너그럽게 하시며, 긍휼히 여기신다.

1. 기도할 때마다
2. 너그럽게 하셨사오니
3. 그를 부를 때

기도를 들으시는 여호와로 인하여 감사하기를 도전하자.

여호와의 날이 이르리라_ 슥 14:1-9

우리는 성경에서 하나님의 말씀이 그대로 성취된 것을 많이 본다.

1. 회개의 은혜
2. 진리의 은혜
3. 힘을 다하는 은혜

하나님께서 보시기에 좋은 사람이 되기를 소망하자.

거룩한 자의 말_ 약 3:1-12

하나님 앞에서나 사람들에게 말의 실수가 없도록 해야 한다.

1. 말에 실수가 없어야, 2절
2. 말을 제어할 수 있어야, 4절
3. 일관된 말을 해야, 9-10절

나의 말을 그대로 하나님께 올려드리기를 결단하자.

하나님의 말씀을 대하면서_ 계 1:2-3

하나님의 말씀은 성도에게 복을 약속하고 있다.

1. 말씀을 읽는 자가 되는 것
2. 말씀을 듣는 자가 되는 것
3. 말씀을 지키는 자가 되는 것

마지막 때, 영생의 복을 받도록 준비하자.

5 사업장의 확장

홀로 남은 야곱의 씨름 _ 창 32:24-29

인생의 시간에서는 홀로 하나님과 대면해야 할 순간이 있다.

1. 혼자서 겨루어야 하는 씨름
2. 결사항전의 씨름
3. 축복을 받는 씨름

홀로 하나님을 만나게 될 때, 기도하자.

점령을 지체하지 말라 _ 수 18:1-3

이스라엘 백성들에 대한 하나님의 경륜이 있다.

1. 하나님의 경륜에 대한 무지
2. 나약한 신앙심
3. 현실에 안주하는 집착

하나님께 도전해서 성취되는 복을 기다리자.

기쁨으로 드리는 간구 _ 빌 1:4-7

성도의 삶은 기쁨을 주시는 여호와께 기쁨을 드림이어야 한다.

1. 기쁨을 누리는 은혜
2. 기쁨을 누리는 이유
3. 기쁨을 주시는 하나님

나에게 생명의 씨가 뿌려졌음을 기뻐하자.

아버지께로부터 내려오나니 _ 약 1:17-18

각양 좋은 은사와 온전한 선물을 받는 우리는 어떻게 해야 할까?

1. 열심을 내자
2. 소망을 크게 하자.
3. 위를 바라보자

위를 바라고, 하나님의 도와주심을 기다리자.

자기를 돌아보라 _ 약 4:1-10

성도는 자신이 하나님께서 받으실 만하신 지를 살펴야 한다.

1. 기도의 어떠함을 정비해야, 1-2절
2. 세상으로 기우는 성향을 정비해야, 3-4절
3. 교만을 버리고 겸손해야, 6절

늘 자신을 돌아보며 점검하는 습관을 갖자.

죽도록 충성하라 _ 계 2:10

주님 앞에 섰을 때에 부끄럽지 않도록 충성해야 한다.

1. 충성하라: 생명의 면류관을 받기 위해
2. 충성은 어떻게: 지극히 작은 일이라도 끝까지
3. 충성한 자의 복: 주인의 즐거움에 참여

하나님께 충성된 자녀가 되기 위하여 다짐을 새롭게 하자.

6 창립기념

네 손을 내밀라 _ 막 3:1-6

성경은 여러 곳에서 우리가 게으르지 말아야 함을 강조하고 있다.

1. 근로의 손을 내밀라
2. 협력의 손을 내밀라
3. 기도의 손을 내밀라

오늘, 하루가 하나님 앞에서 성실하기를 소망하자.

너희 자신을 확증하라 _ 고후 13:5-10

예수님을 닮아가는 자신을 확인하고, 온전한 성도로 세워져야 한다.

1. 믿음에 바로 서 있는가?
2. 예수님을 바라보고 있는가?
3. 예수님을 닮으려 하는가?

믿음이 있는 성도는 그의 마음이 항상 예수님께로 향한다.

나의 하나님께 감사하며 _ 빌 1:1-3

우리를 복 주시는 은혜는 하나님을 나의 아버지로 고백하는 삶이다.

1. 나의 하나님-바울의 하나님
2. 소망을 주시는 하나님
3. 나의 하나님-우리의 하나님

우리 모두를 위해 기도하기를 다짐하자.

기도에 항상 힘쓰라 _ 골 4:2-4

성경을 보면, 성도들에게 기도를 계속하라고 권면하고 있다.

1. 성도는 기도의 사람
2. 기도를 쉬는 죄
3. 낙심하지 않기 위한 기도

입술을 벌려 간구하고, 기도하는 마음으로 살아가기를 도전하자.

믿음의 실천 _ 약 1:22-27

성도는 자기의 삶에서 구원을 받은 믿음을 보여야 한다.

1. 언어에서 보여 져야 하는 것
2. 연약한 자들을 돌아보는데서 나타나는 것
3. 자기 자신을 세속 가운데서 지키는 것

살고 있는 시간 동안에 하나님의 말씀이 되자.

남은 때를 하나님의 계획에 _ 벧전 4:1~6

하나님은 나의 삶에 계획을 갖고 그 뜻을 이루기를 원하신다.

1. 정욕을 따르지 않음
2. 오직 하나님 뜻대로, 2절
3. 오직 복음을 전하면서, 6절

우리 회사를 통해서 인생을 드리기를 도전하자.

만일, 귀하께서 한치호 목사의 책을 처음 읽으셨다면, 우리의 신앙과 생활에 균형 잡힌 시각을 갖도록 도와주기에 좋은 책들을 소개해 드립니다.

| 가난에서 벗어나기 위한 대적기도문 101일(두돌비)
| 읽기 쉬운 큰 글씨 대표기도문(크리스천리더)
| 기도, 처음인데 어떻게 하나요?(일오삼)
| 태신자를 위한 40일 기도문(크리스천리더)
| 새신자를 위한 40일 기도문(크리스천리더)
| 성경1독 가정예배서(두돌비)
| 심방 예배 인도서(두돌비)
| 교회성장 주제별 대표기도문(크리스천리더)
| 은혜로운 추모예배서(두돌비)
| 주제별 52주 대표기도문(개정증보)(두돌비)
| 최신 장로학(두돌비)
| 성령 충만 은혜 충만 3분 대표기도문(크리스천리더)
| 예수님의 삶 묵상하기(크리스천리더)
| 행복한 가족 화목한 기도(크리스천리더)
| 가정 추모 예배서(두돌비)
| 추모, 명절, 장례예배 준비하기(크리스천리더)
| 위로/권면/친교의 심방기도문(크리스천리더)
| 수험생을 둔 어머니의 축복 기도(크리스천리더)
| 자녀를 위한 365일 축복기도문(두돌비)